高校创新创业教育协同机制研究

刘晶晶　　陈丽敏　　沈睿媛　著

云南美术出版社

图书在版编目（CIP）数据

高校创新创业教育协同机制研究／刘晶晶，陈丽敏，沈睿媛著. — 昆明：云南美术出版社，2023.11
ISBN 978 - 7 - 5489 - 5494 - 1

Ⅰ.①高… Ⅱ.①刘… ②陈… ③沈… Ⅲ.①高等学校 - 创造教育 - 研究 - 中国 Ⅳ.①G640

中国国家版本馆 CIP 数据核字（2023）第 210421 号

责任编辑：刁正勇
责任校对：梁 媛 李 平 黎 琳
装帧设计：张田田
封面设计：寓 羽

高校创新创业教育协同机制研究

刘晶晶 陈丽敏 沈睿媛 著

出版发行：云南美术出版社（昆明市环城西路 609 号）
制版印刷：昆明德厚印刷包装有限公司
开　本：787mm×1092mm　1/16
印　张：6.5
字　数：250 千字
版　次：2023 年 11 月第 1 版
印　次：2023 年 11 月第 1 次印刷
书　号：ISBN 978 - 7 - 5489 - 5494 - 1
定　价：45.00 元

前　言

随着社会经济的快速发展和高等教育的普及，创新创业教育已经成为高校教育的重要组成部分。高校创新创业教育的目标是培养学生的创新意识和创业能力，促进学生提升综合素质和提高就业能力。然而，由于高校之间具有差异性和不同的特点，高校创新创业教育也面临一些困难和挑战。因此，建立高校创新创业教育协同机制，加强高校之间的交流和合作，有助于优化资源配置，提高教育质量，促进高校创新创业教育的发展。

本书从高校创新创业教育基础出发，系统地对高校创新创业教育协同机制的理论基础、高校创新创业教育协同机制的构建、高校创新创业教育协同机制的实施、高校创新创业教育协同机制的未来发展等进行了研究与讨论。希望本书的介绍，能够为读者提供相关方面的帮助。

本书在写作过程中，笔者参阅了部分文献资料，在此，谨向其作者深表谢忱。

由于水平有限，疏漏和缺点在所难免，希望得到广大读者的批评指正，并衷心希望同行不吝赐教。

作　者

2022 年 9 月

目　录

第一章　高校创新创业教育概述 ………………………………………… 1

　第一节　创新创业教育的主要内容 …………………………………… 1

　第二节　高校创新创业教育的核心 …………………………………… 6

第二章　高校创新创业教育协同机制的内涵 …………………………… 14

　第一节　协同机制的理论基础 ………………………………………… 14

　第二节　创新创业教育协同机制的实践路径 ………………………… 21

　第三节　创新创业教育协同机制的主要内容 ………………………… 25

　第四节　创新创业教育协同机制的可持续发展 ……………………… 31

第三章　高校创新创业教育协同机制的构建 …………………………… 40

　第一节　基础知识 ……………………………………………………… 40

　第二节　构建原则 ……………………………………………………… 46

　第三节　构建过程 ……………………………………………………… 54

第四章　高校创新创业教育协同机制的实施 …………………………… 63

　第一节　实施流程 ……………………………………………………… 63

　第二节　实施策略 ……………………………………………………… 66

　第三节　实施效果评估 ………………………………………………… 73

第五章　高校创新创业教育协同机制的未来发展 ……………………… 80

　第一节　资源共享 ……………………………………………………… 80

　第二节　项目驱动 ……………………………………………………… 88

　第三节　多元合作 ……………………………………………………… 92

参考文献 ……………………………………………………………………… 98

第一章 高校创新创业教育概述

第一节 创新创业教育的主要内容

一、创新创业教育的内涵

（一）创新创业教育的界定

创新创业教育作为一种重要的教育形式，旨在培养学生的创新精神和创业能力，通过为学生提供创新创业教育资源和环境，促进他们在未来的职业生涯中能够具备创新思维和创业实践的能力。创新创业教育旨在引导学生培养独立思考、解决问题的能力，并使他们具备创新意识和创造力，适应不断变化的社会环境。

在相关界定中，创新和创业是两个密不可分的概念。创新指的是通过独立思考和运用新的方法、观念来解决问题，提出新的理念和创造性的解决方案。创业则是将创新的想法转化为实践，通过创造新产品、新服务等满足市场需求，并从中获得效益。因此，促进创新和创业是创新创业教育的目标。

创新创业教育的核心在于鼓励学生勇于尝试，接受失败，从中吸取教训，不断改进。它强调学生的全面发展，不仅培养他们的专业知识，还注重培养他们的创造力、创新意识和团队合作能力。创新创业教育鼓励学生积极参与实践活动，例如创业实习、创业竞赛等，通过实践中的挑战和经验积累，帮助他们具备创新思维和创业能力。

创新创业教育的概念界定与多元化的学科密切相关。创新创业教育在不同学科领域中有不同的内涵和目标。在商科领域，创新创业教育侧重培养学生的市场分析能力、商业计划编写能力、风险控制能力等。在工科领域，创新创业教育注重培养学生的技术创新能力、产品设计能力和工程管理能力等。因此，创新创业教育涵盖了不同学科的特点。

（二）创新创业教育的特征

1. 具有创新精神

创新是社会发展的重要驱动力，而创业是将创新变为现实的途径。因此，创新创业教育旨在引导学生勇于尝试新事物，培养创新思维和具备解决问题的能力，以便在未来的社会中能够适应不同需求。

2. 注重实践体验

传统的教育通常以理论授课为主，创新创业教育则更强调实践的重要性。学生在课堂之外，通过参与创新项目、实习、实训等，能够更好地理解和应用所学知识，掌握实际操作的能力和判断力，提升自己的创新素养和应用能力。

3. 跨学科的融合

创新和创业需要从不同领域汲取灵感和知识，因此，创新创业教育强调跨学科的学习和合作。通过开设跨学科的课程、组织团队项目等，学生可以与其他专业的同学合作，共同解决现实问题，增强综合能力和团队合作意识。

4. 培养创业意识

创新创业教育不仅关注学生的学术成就，更注重培养他们的创业精神和实际操作能力。通过创业实训、创业体验等，学生可以了解创业的过程和挑战，培养创业思维和创新能力，提升自主创业的意识和勇气。

（三）创新创业教育的作用

创新创业教育注重培养学生的创新能力。在传统的教育中，学生被灌输大量的各科知识，但在实践能力和创新思维能力上却相对薄弱。而创新创业教育旨在通过培养学生的创新思维，提高他们的创造力，使其具备面对复杂问题时能灵活思考并提出创新解决方案的能力。

创新创业教育强调培养学生的实践能力。创新创业不仅是理论的学习，更需要学生能够将所学知识应用于实践。为此，创新创业教育采用一系列实践教学方法，如项目策划、实习实训等，让学生参与到真实的创新创业项目中，让他们亲自实践，并从实践中获得经验和教训。

创新创业教育还注重培养学生的团队合作能力。在当代，创新往往是一个团队的任务。创新创业教育组织学生参与团队项目，让他们在团队中学会相互协作、分工合作，培养他们的团队意识和合作精神。团队合作能力的培养不仅有利于学生在工作中的良好发挥，也有助于他们在创新创业过程中能够更好地与他人合作，凝聚力量。

创新创业教育也强调培养学生的创业精神和创业能力。创业是一种勇于面对风险、追求卓越的行为。创新创业教育让学生接触创业案例、参与创业项目等，培养他们的创业意识和创业能力。通过培养创新创业精神，学生能够更好地适应社会发展的需要，也能够在创新创业的实践方面更好地实现自我价值。

二、创新创业教育的目的和意义

（一）创新创业教育的目的

创新创业教育作为当代教育的热门话题，其目的在于培养学生的创新思维和创业能力，从而良好适应快速变化的社会环境。

1. 提升创新能力

在知识经济时代，创新是推动社会进步和发展的重要动力。创新能力是学生能够发现问题、解决问题以及创造出新的知识、技术、产品的能力。通过创新创业教育，学生可以接触到真实的问题和挑战，培养解决问题的能力和创造知识的意识。

2. 提升创业能力

创业是将创新转化为商业价值的过程，是学生将创新能力与实际价值相结合的途径。通过创新创业教育，学生可以掌握创业的基本概念、方法和技巧，培养创业的意识和勇气，提升在创业实践中的能力和素质。

3. 提升综合素质

作为未来的人才，学生不仅需要具备专业知识和技能，更需要具备良好的人文素养和社会责任感。通过创新创业教育，学生可以参与各种创新项目和创业活动，培养合作意识和团队精神，提升综合素质和具有社会责任感。

（二）创新创业教育的意义

创新创业教育作为一种新兴的教育形式，具有深远的意义。

创新创业教育有助于培养学生的创新思维和创业能力。创新是推动社会进步和经济发展的重要动力，而创新思维是创新能力的基础。通过创新创业教育，学生可以接触到现实中的创新案例和创业经验，了解创新实践的过程和要素，锻炼创新思维能力，为将来的创新实践打下坚实的基础。

创新创业教育有助于提高学生的就业竞争力。创新创业教育可以培养学生的创业精神和实践能力，使他们具备自主创业的能力和勇气。这不仅能为他们创造就业机会，也可以提高他们的就业竞争力，使他们能适应和应对不断变化的就业环境。

创新创业教育有助于培养学生的综合素质和实践能力。创新创业要求学生具备创新思维和创业能力，还需要他们具备团队合作、沟通协调、解决问题等方面的综合素质和实践能力。通过创新创业教育，学生可以参与创新项目和创业实践，锻炼自己的实践能力，提高团队协作和解决问题的能力，全面提升综合素质。

创新创业教育有助于促进社会经济的发展。创新创业是经济发展的重要构成，可以推动社会经济的持续发展。通过创新创业教育，可以培养更多的创新人才，为社会经济的创新驱动提供源源不断的人才支持，推动社会的创新发展，提高竞争力。

（三）创新创业教育对个人成长的影响

创新创业教育作为一种重要的教育形式，不仅培养学生的创新创业能力，更是对其个人成长产生深远影响。创新创业教育的目的在于培养学生具备创新思维、创新意识和创新能力，促进个人的全面发展和成长。

创新创业教育对个人的思维方式和认知能力产生积极影响。在创新创业教育的过程中，学生将接触到各种创新案例和创业经验，从中学习到不同的思维模式和解决问题的方法。这种培养创新思维和认知能力的过程，将使学生的思维更加开放和灵活，更加注重创造性解决实际问题的能力。

创新创业教育有助于培养学生的团队合作能力和领导能力。在创业过程中，很少有个人能独自完成所有的任务，更多的是需要与团队成员合作。通过创新创业教育，学生将学会与人合作、沟通、协商和分工，培养良好的团队合作能力。同时，创新创业教育还能培养学生的领导能力，因为在团队中，需要有人能胜任组织、协调和领导的角色，而创新创业教育为学生提供了锻炼领导能力的平台。

创新创业教育对个人的职业发展也起到积极的促进作用。在当代，创新创业能力是一种重要素质。通过接受创新创业教育，学生将具备创新思维、创新能力以及创业经验，这些都将成为他们未来就业的竞争力。因此，通过创新创业教育的培养，学生可以更好地适应和应对职业发展的需求，提高个人的就业竞争力。

三、创新创业教育的发展历程

（一）创新创业教育的起源

随着信息技术的不断发展，传统的产业结构面临改变，新兴产业和创新创业活动成为推动经济发展的重要力量。在这样的背景下，社会开始关注如何培养具备创新创业能力的人才，创新创业教育应运而生。

创新创业教育的起源可以追溯到 20 世纪 70 年代末期。那个时期，高等教育面临改革，传统的学科专业设置已经不能适应社会发展的需要。因此，一些大学开始尝试将创新创业知识融入到课程教学中，培养学生的创新思维和创业能力。自此以后，创新创业教育逐渐成为高校教育的重要组成部分。

20 世纪 80 年代末期，处于经济转型的重要时期，需要大量创新创业人才来推动经济的发展。因此，一些高校开始尝试开设创新创业课程，培养学生的创新创业意识和能力。随着经济的快速发展，创新创业教育逐渐得到重视和推广，成为高校教育改革的重要内容。

（二）创新创业教育的发展阶段

创新创业教育作为一种新兴的教育形式，经历了多个发展阶段。这些阶段相互衔接，推动了创新创业教育的全面发展。

其一，创新创业教育的初级阶段。在这个时期，主要侧重于为学生提供创新思维和创业意识方面的培养。虽然在当时存在一些局限性，但这一阶段为后续的发展奠定了基础。

其二，创新创业教育的改革创新阶段。随着经济的发展，社会对创新创业能力的需求逐渐增加。为了满足这一需求，很多地方开始持续进行教育改革，将创新创业教育纳入培养体系，并开设相关的创新创业课程。这一阶段，创新创业教育的发展重心从理论转向实践，注重培养学生的实际操作能力和创新创业思维。

其三，创新创业教育的多元发展阶段。随着信息技术的快速发展和教育资源的共享，创新创业教育逐渐趋于多样化。学校、社会组织以及企业等纷纷加入到创新创业教育的实施过程中，形成了多元的合作模式。这一阶段，创新创业教育的资源得到了有效整合，学生可以通过多种渠道获取创业信息和实践机会。

其四，创新创业教育的全面发展阶段。当前，创新创业教育已经形成了较为完整的体系，覆盖了从基础教育到高等教育的各个层次。同时，创新创业教育也逐渐扩大到跨学科和跨领域的范围，注重培养学生的创新能力和创业精神。

（三）创新创业教育的现状

在高校教育领域，创新创业教育已经成为许多学校的重要组成部分。越来越多的高校开始关注培养学生的创新创业能力，并通过开设相关课程、组织创业实践活动等方式促进学生的创新创业思维和实践能力的培养。许多学校建立了创业中心、孵化中心等，为学生提供创业资源支持。

在创新创业教育的实施过程中，合作与交流成为了一个重要特点。许多高校与企业、社会组织等建立了紧密的合作关系，共同促进创新创业教育的发展。这种合作有助于学校提供更丰富的实践机会和资源，也让学生能够与真实的创业环境接触，加强他们对创新创业的认识和理解。

在创新创业教育的发展过程中，互联网和信息技术起到了良好的推动作用。许多创新创业教育的项目和课程通过在线教育平台开展，学生可以随时随地获取相关知识和资源。同时，互联网也为创业者提供了更广阔的市场，许多创业项目在线上进行，打破了地域限制，拓展了创业者的发展空间。

创新创业教育的发展也面临一些挑战。首先，创新创业教育的评价体系仍然不完善，如何准确评估学生的培养成效仍然是一个问题。其次，资源分配不均是普遍存在的问题，一些学校在创新创业教育资源方面相对匮乏，影响了相关项目的开展和学生的培养。

为了更好地应对这些挑战和推动创新创业教育的发展，需要加强相关法规的制定和落实，提供更多的资源和支持，加强学校和社会的合作，促进高校创新创业教育的全面发展。

（四）创新创业教育的发展趋势

1. 注重跨界合作

在当代，知识的界限越来越模糊，各个领域之间的交叉与融合成为一种趋势。在创新创业教育方面，学生需要具备跨学科的知识和技能，能够灵活运用各个领域的知识进行创新和创业。同时，创新创业教育也鼓励学生与不同领域的人才合作，通过跨界合作来获得更大的创新和创业成果。

2. 注重实践体验

传统教育通常注重理论知识的传授，但在创新创业教育中，实践和体验是至关重要的。学生要参与实际项目、创业活动和实地考察等，深入了解创新创业的全过程，并且亲自面对其中的困难。通过实践，学生将更好地理解创新创业的核心要素，并且培养创业精神和能力。

3. 注重创新思维

创新思维是创新创业的基础，培养学生的创新思维是创新创业教育的重点。学生通过策划创意活动、解决实际问题等，培养自己的创新思维。通过参与创业实践和创业课程，逐步培养和提高自己的创业能力。

4. 注重科技创新

随着科技的快速发展，创新创业的形式也在不断改变。未来的创新创业教育将更加注重科技与创新的融合。学生将学习和应用各类科学技术，例如大数据、人工智能等，来推动创新和创业的发展。同时，创新创业领域也将出现更多的科技创新，为创新创业教育提供更广阔的发展空间。

第二节　高校创新创业教育的核心

一、高校创新创业教育的目标

（一）培养学生创新意识

在高校的创新创业教育中，培养学生的创新意识是一个重要的目标。创新意识是指具备发现问题、解决问题和创造新知的能力和想法。高校应该通过多种途径，培养学生的创新思维和创新意识。

1. 设计创新课程

创新课程要注重培养学生的问题解决能力和创新思维模式。可以通过案例分析、实践项目等方式，激发学生的创新潜能。同时，还可以引入创新方法和工具，教授学生如何进行问题定义、信息收集、解决方案等。

2. 组织创业活动

学校可以组织各类创新比赛、创意展示、创业讲座等活动，鼓励学生积极参与。通过参与创新创业活动，学生可以应对现实世界的问题，培养解决问题的能力和勇于创新的精神。

3. 加强创新培训

创新教育不仅停留在课堂上，还应该贯穿于学生的学习生活中。学校可以组织各类创新讲座、工作坊、研讨会等，为学生提供学习的机会和平台。同时，学校还应该鼓励学生主动参与科研项目，提供机会让学生从事相关科学研究，培养他们的科研能力和探索精神。

4. 推进多方合作

与外部机构的合作可以为学生提供更广阔的创新平台和资源。学校可以与企业合作开展创业项目，让学生参与实际问题的解决。此外，学校还可以邀请专业人士、创业者等来校进行交流和讲座，让学生了解创新领域的实际情况和最新趋势。

（二）增强学生创业技能

通过系统化的培训和实践活动，学生可以获得并掌握必要的创业知识和技能，为未来的创业实践做好充分准备。

高校创新创业教育要鼓励学生参与创业项目，并提供相应的资源支持。学生可以加入创业团队，与其他同学一起完成创业项目。通过实践，学生可以了解创业过程中的各个环节，例如市场调研、模式设计、运营管理等，从而熟悉创业的实际操作。

高校创新创业教育注重培养学生的创新思维和创意能力。学生可以参加创新创业思维的培训课程，学习如何从不同角度思考问题，寻找创新的解决方案。此外，学校还要鼓励学生参加各种创新竞赛和活动，提供展示创新成果的平台。通过这些实践活动，学生可以不断培养自己的创新思维，并锻炼出色的创意能力。

高校创新创业教育也重视学生的团队合作和沟通能力的培养。创业过程中，一个成功的创业项目离不开团队的共同努力。因此，学生需要通过小组合作、项目合作等形式，培养自己的团队合作意识和沟通能力。学校要提供合作学习的机会，例如创业讨论课、团队项目等，让学生在实践中学习如何与他人合作，如何有效进行团队沟通。

创新创业教育还强调学生的问题解决能力和决策能力的培养。创业实践中，学生会面临各种问题和挑战，需要能独立思考和作出正确的决策。高校通过培训课程和案例分析等，可以帮助学生提升自己解决问题的能力。在实践中，学生还可以充分利用学校提供的资源，例如实验室、训练室等，进行实际操作，培养自己的决策能力。

（三）营造创新创业氛围

为了促进高校创新创业教育的有效实施，营造良好的创新创业氛围是非常重要的。只有在鼓励创新思考、培养创新意识的氛围中，学生才能更好地发挥自己的潜能并实现创新创业的目标。

高校应该营造一个积极向上的学习环境，提供丰富的创新创业资源和教育活动。学校可以通过与企业的合作，开展创新创业项目以及创业竞赛等方式，为学生提供实践机会和资源，激发他们的创造力和创新思维。在这样的环境中，学生会对创新创业充满兴趣，并积极参与相关活动。

高校应该注重培养学生的团队合作能力和创新创业意识。为了实现这一目标，高校可以组织学生参与团队项目，培养他们的团队协作精神。在团队中，学生们需要共同面对挑战、解决问题，并通过不断地思考和交流来推动项目的实施。这种团队合作的经验不仅能培养学生的集体意识和创新能力，还能帮助他们更好地实现创业梦想。

高校还应该加强创新创业导师团队的建设。专业导师团队是创新创业教育的重要组成部分，他们能为学生提供专业的指导，帮助他们解决创新创业过程中的问题。因此，高校应该加强对导师团队的培训，提升他们的综合素养和能力，使他们能更好地引导学生，激发他们的创新潜能，促进他们全面发展。

高校也应该加强与外界的交流与合作。与企业、机构的合作可以为学生提供更广阔的平台。通过合作教学，学生能够更好地了解市场需求和行业动态，更好地锻炼自己的创业能力，共同推动创新创业教育的发展。

二、高校创新创业教育的内容

（一）创新创业基础理论

创新创业基础理论是高校创新创业教育内容的重要组成部分。它主要是对创新和创业的概念、特征、原则以及相关理论的介绍和解读。在高校创新创业教育中，创新创业基础理论起到了重要的指导作用。通过学习这些理论知识，学生可以深入了解创新创业的本质和内涵，认识到创新创业对社会发展的重要意义，同时也能为创业实践提供理论指导。

针对创新创业基础理论的教学，起初需要介绍创新和创业的概念。创新是指通过改变和创造来获得新的价值，创业则是将创新转化为机会并进行经营管理。学生需要明确创新和创业的内涵，从而具有正确的创新创业观念。

创新创业基础理论涉及到创新和创业的特征及原则。创新的特征包括不确定性、高度自由和富有创造性等。创业则涉及到资源整合、商业计划、市场需求等方面的原则。了解这些特征和原则有助于学生对创新创业的要求和困难有更为深刻的认识，在未来创业过程中能够有针对性地采取相应策略和措施。

创新创业基础理论还包括一系列相关的基础知识，例如创新理论、管理理论、创业基础等。通过学习这些理论，学生可以更加全面地了解和掌握创新创业的相关知识和方法，为今后的创新创业实践提供理论支持。

（二）创新创业实践

通过创新创业实践，学生能够将所学的理论知识应用于实践中，锻炼创新思维和创业能力，同时也能培养学生的团队合作精神和实际操作能力。

创新创业实践主要包括项目实践、实训实践以及创业竞赛等。项目实践是指学生在课程或者研究项目中，通过团队合作，选择一个创业项目并实施和管理。在这个过程中，学生需要进行市场调研、撰写商业计划书、设计产品或服务、协调团队等工作，从而体验创业的整个流程。

实训实践是指学生到企业或者创业团队中进行实地实习或者实践，亲身感受创业的环境。通过与创业者的接触和合作，学生能够学习到更多的创业经验和技巧，同时也可以拓展自己的社交网络，为将来的创业做好准备。

创新创业实践还可以通过参与各类竞赛来进行。学生可以组成团队，参加各类创业赛事，并展示自己的创新项目。通过与其他团队的交流竞争，学生能不断改进自己的创业想法和方案，同时也能从专家评审和观众反馈中得到宝贵的建议。

总之，创新创业实践有助于将理论知识与实践经验相结合，培养学生的创新能力和创业精神。通过实践，学生能培养自己的团队合作意识和实际操作能力，为将来的创业打下坚实的基础。因此，在高校创新创业教育中，注重开展实践是非常重要的。

三、高校创新创业教育的教学方法

（一）课程理论教学

课程理论教学能培养学生的分析思维和问题解决能力。通过学习不同的创新创业理论，学生可以学会理性分析问题，提出合理的解决方案。举个例子，学生可以学习创新创业过程中的风险评估和管理理论，通过课程中的案例分析和讨论，能够培养学生对问题情境的敏感度和解决问题的能力。这种培养过程，能提升学生的创新思维和实践能力，为他们将来的创业实践打下坚实的基础。

课程理论教学还可以促进学生的创新意识和创业素养的培养。通过学习创新创业理论，学生能了解创新创业的意义和价值，激发他们的创新欲望和创业热情。举例来说，学生可以学习创新创业领域的成功案例，了解其中的困难和机遇。这种学习过程，能够激发学生对创新创业的兴趣，培养他们的创新意识和创业素养。这些素养的培养在日后的实践教学中也具有重要作用，能帮助他们更好地应对市场变化和创业困难。

课程理论教学在高校创新创业教育中具有重要意义。通过课程理论教学，学生可以系统地学习创新创业的理论知识，培养分析思维和问题解决能力，并促进创新意识和创业素养的培养。这都为学生的创新创业实践提供了有力支持。在今后的高校创新创业教育中，应该进一步重视课程理论教学，不断优化教学方法，提高创新创业教育的质量和效果。

（二）实践教学

实践教学是高校创新创业教育中不可或缺的一环。实践教学的核心在于培养学生的实践能力和创新意识。

在高校创新创业教育中，实践教学的内容涵盖了多学科的实践活动。比如，工程类专业的学生可以参与实际工程项目的设计开发；商科类专业可以开设市场调研、营销推广等实践课程；艺术类专业的学生可以参与艺术创作和演出等实践活动。

实践教学的方法多种多样，包括实习实训、创新实验、社会调研等。其中，实习实训是最常见的实践教学方法。学生通过在企事业单位实习，参与工作实践，了解实际工作环境，锻炼专业技能和解决实际问题的能力。

创新实验是培养学生创新意识和实践能力的重要途径。学生在课堂上可以完成科研项目的设计与实施，通过动手实践，发现问题、解决问题，并将研究成果应用于实际中。通过创新实验，学生能够培养独立思考和创新的能力。

社会调研也是实践教学的一种形式。学校可以组织志愿服务、参观考察等活动，让学生与实际社会接触，了解市场需求和行业发展动态。社会调研能够拓宽学生的视野，培养跨学科的综合创新能力。

总体而言，实践教学在高校创新创业教育中具有重要作用。通过实践教学，学生能够将所学的理论知识应用于实际操作，培养实践能力和创业技能。实践教学方法包括实习实训、创新实验、社会调研等，这些教学方法能够培养学生的实践能力和创新思维，为他们的未来创业奠定坚实的基础。

（三）案例教学

案例教学是高校创新创业教育中的一种重要教学方法。通过实际案例，学生能够深入了解真实的创新创业环境，并通过分析、讨论案例来培养解决问题的能力和决策能力。

1. 代表性和针对性

优秀的案例要覆盖不同行业及各类创新创业项目，并与教学目标相契合。案例教学可以选择具有一定代表性的创业成功案例，让学生从成功的视角出发，了解背后的创业逻辑。同时，还可以选择一些失败的案例，让学生从失败中吸取教训，避免犯同样的错误。

2. 思考性和探究性

教师可以通过提出问题和互相讨论的方式，引导学生主动思考和分析案例中的问题，从而加深对创新创业的理解。学生可以通过小组讨论、辩论或者角色扮演等方式，积极参与案例教学，与他人交流和共享观点，从而加强创新思维和团队合作意识。

3. 实践性

在案例教学中，教师可以引导学生进行实际操作、模拟创业实践或者进行市场调研，从而将理论知识与实践相结合。通过在案例教学中的实践环节，学生可以加深对创新创业的认识，也能提升实践操作能力和团队协作能力。

总之，通过合理选择案例、激发学生思考探究、与实践教学结合、注重教学评价，可以有效提升学生的创新创业能力和实践能力。

（四）教学评价

高校创新创业教育的教学评价是衡量教学成果和学生综合素质的重要指标。教学评价旨在评估教学方法的有效性，激发学生的学习动力和创新思考，提供改进教学过程和内容的有效反馈。

教学评价应该注重学生的实际表现。学生在创新创业教育中通过实践活动获得真实经验和能力提升。因此，评价教学成果要以实际表现为主要依据，包括学生的项目成果、创新成果和实践经验等。这样的评价方式能够真实反映学生在创新创业教育中的综合素质和实际应用能力，为学生未来的创业实践奠定基础。

教学评价应该考虑创新创业实践成果。创新创业教育的核心目标是培养学生的创新创业能力，因此，在评价教学效果时要重点关注学生的创新创业实践成果。这包括学生的创业计划书、市场调研报告等。通过对这些实践成果的评价，不仅能衡量学生的创新创业能力，还能为学校和教师提供改进教学方法的参考。

教学评价应该采用多种方式和工具进行。教学评价不应该仅依赖传统的笔试和口试，而应该多样化评价。例如，可以采用学生自评、同学互评、教师评价、实践评价等方式，结合定性和定量方法进行评价。这样的多元评价方式能够更全面地了解学生的学习情况、实践表现和创新能力，降低评价的主观性和盲目性。

教学评价应该及时反馈，并进一步为学生提供帮助和指导。教学评价的目的不仅是评价学生的学习成果，更重要的是为学生提供发展的路径。教师应该及时反馈评价结果，给予学生专业性的指导和建议。同时，学校要建立完善的教育辅导体系，帮助学生解决在创新创业教育中遇到的问题，促进学生的全面发展和创新创业能力的提升。

因此，评价结果应该注重学生的实际表现和实践成果，采用多元化的评价方式和及时反馈机制。

四、高校创新创业教育的评价体系

（一）创新创业知识评价

创新创业知识评价主要针对学生在知识层面上的掌握和应用能力进行评估。旨在通过学生对相关知识的理解程度和应用能力来判断教育培养的效果。

创新创业知识评价注重学生对创新创业理论知识的掌握情况。这包括对创新创业概念、原理、方法和模型的理解程度。在评价中，可以采用问答形式的题目，要求学生阐述创新创业的基本概念，并能运用相关理论知识进行分析解释。

创新创业知识评价还考察学生在实际应用中对相关知识的掌握程度。这包括学生能否将所学的知识应用于实际问题的解决中，能否提出创新的创业方案并进行可行性分析。在评价中，可以采用案例分析或项目实践等方式，让学生进行实际操作和应用，从而评估他们的实践能力。

创新创业知识评价也注重学生对最新知识和技术的了解情况。创新创业领域变化快速，新知识和技术的出现使创新创业方法也在不断更新。因此，评价体系应该包括学生对最新动态的了解和掌握情况。可以通过出题或项目要求学生关注最新案例，研究最新技术，从而评估学生对行业内最新知识的了解和掌握程度。

总之，创新创业知识评价是高校创新创业教育评价体系的重要组成部分，它对于评估学生在创新创业领域的知识储备和应用能力起着重要作用。在评价过程中，应注重学生对创新创业理论和实践的掌握程度以及对最新知识的了解等，从而评估创新创业教育的效果和学生的综合素质。

（二）创新创业技能评价

在高校创新创业教育中，评价学生的创新创业技能是非常重要的环节。创新创业技能评价旨在衡量学生在实践中应用相关知识的能力，以及他们是否具备创新思维、团队合作意识和解决问题的能力。

1．创新能力

创新是创业教育的核心要素，学生必须具备独立思考、提出新观点和创造解决方案的能力。评价中可以采用不同方法，例如将学生参与竞赛的成绩、项目的实施情况、作品的质量等作为评价指标，以此判断学生在创新方面的能力水平。

2．合作能力

在创业过程中，往往需要与他人合作，共同完成任务和项目。因此，评价学生的团队合作能力是非常重要的。可以组织学生参与团队项目、实践活动，观察学生在团队中的表现、参与度和贡献程度，以及与团队成员的合作关系等来评价学生的团队合作能力。

3．应对能力

创新创业过程中，面临各种挑战和问题是不可避免的。评价学生的问题解决能力可以从他们在实践中面对问题时的应对方式上进行考察。学生是否能分析问题、寻找解决办法，并且能迅速有效地解决问题，是评价学生应对能力的关键指标。

需要注意的是，创新创业技能评价不仅关注学生的知识和能力，更注重将实践成果纳入评价体系。学生是否能将所学知识应用于实际情境、产生创新成果，以及贡献程度，也是评价学生创新创业能力的重要考量。

总之，创新创业技能评价在高校创新创业教育中具有重要意义。通过对学生的创新能力、团队合作能力和问题解决能力的评价，可以更全面地了解学生在创新创业领域的能力水平，并为其未来的发展提供指导和支持。

（三）创新创业态度评价

1. 创新态度

创新是推动社会进步和经济发展的重要力量。在高校创新创业教育中，评价学生对于创新的态度可以从其对新事物的接受能力，创新思维的培养程度以及对创新潜力的认知等方面进行考察。例如，学生是否能积极主动地接触和学习新知识，是否具备敏锐的观察力和独特的思维方式，是否能将创新思维应用于实践中等。

2. 创业态度

创业是将创新的观念转化为实际行动的过程。在评价学生对于创业的态度时，可以考察其对创业风险或挑战的理解和应对能力，创业意识和机会识别能力以及创业决策能力等。例如，学生是否具备敢于面对风险和挑战的勇气，是否能主动发现和把握创业机会，是否能作出合理的创业决策等。

3. 社会责任感

创新创业不仅是为了个人的利益，还应该关注社会的发展。在评价学生的创新创业态度时，可以考察其对社会责任的认知和实践情况。例如，学生是否能将创新创业与社会发展紧密结合，是否能通过创新创业为社会作出积极贡献等。

4. 协作态度

创新创业通常需要团队的协作。在评价学生的创新创业态度时，可以考察其在团队中的表现，与他人共同合作的意愿和能力，以及团队合作的案例等。例如，学生是否会积极参与团队活动，是否能主动贡献自己的智慧和力量，是否能与团队成员和谐相处等。

第二章 高校创新创业教育协同机制的内涵

第一节 协同机制的理论基础

一、协同学的基本原理

（一）合作与竞争的平衡

在协同学的基本原理中，合作与竞争的平衡是一个关键内容。在许多领域，合作和竞争都是不可或缺的，它们相互作用、相互影响，共同推动着协同机制的发展。

合作是协同学的基础，它体现了团队合作的精神和价值。通过合作，不同个体能够共同协作，分享资源、知识和经验，从而发挥集体智慧。合作也能使团队更好地完成任务，提高效率和质量。

竞争是激发创新和进步的动力，它在协同学中也扮演着重要的角色。竞争能够激发个体的潜能，促使其不断提高自己的能力。通过竞争，个体能够在团队中展现出自己的特长和优势，从而为整个团队的进步做出贡献。

合作和竞争之间存在着平衡关系。如果过于强调竞争，可能会导致团队内部过于紧张，造成资源的浪费和冲突的发生。如果过于强调合作，可能会造成团队成员的依赖性和懈怠，无法促进个体的创新和进步。

在协同机制中，合作与竞争的平衡是非常重要的。团队成员需要在合作中互相支持、互相学习，共同解决问题；同时又要在竞争中相互激发、相互竞争，促进个体和团队的成长。通过合理的平衡，才能实现协同合作的目标，促进协同创新的发展。

在实践中，合作与竞争的平衡需要团队领导者的正确引导或组织管理。领导者需明确团队的目标和任务，激发团队成员的积极性。同时，他们还需要建立科学的激励和评价机制，鼓励团队成员合作互助、竞争创新。这样才能在合作与竞争之间找到动态平衡，实现协同机制的良性循环。

总之，通过合理的平衡，团队成员能够在合作与竞争中相互促进，实现个体和团队的共同发展。团队领导者在实践中起着重要作用，他们需要正确引导团队，推动协同机制的进一步发展和创新。

（二）协同学的主要内容

1. 协同性理论

协同性理论强调人与人之间的合作与共享，提倡利用集体智慧解决问题和取得创新成果。根据协同性理论，人们通过合作互助，共同追求特定的目标，能够充分发挥个体的优势或专长，从而提高效率。

2．协同创新理论

协同创新理论认为，创新活动需要充分的合作和协调。通过整合和利用不同个体的知识、经验和资源，协同创新能够加速创新过程，提高创新成果的影响力。协同创新理论也强调跨学科的合作和团队的协同，从而促进创新的发展和应用。

3．协同教育理论

协同教育理论明确提出，教育应当注重培养学生的合作精神和协同能力。通过协同学习和协同教学，能够激发学生的创造力和创新思维，并提高他们的团队合作能力和问题解决能力。协同教育理论也提倡教师和学生之间的合作和交流，促进学生全面发展和具备终身学习的能力。

综上所述，这些理论提供了协同学研究的基本框架和指导原则，有助于推动协同学在高校创新创业教育领域的应用和发展。

（三）协同学的应用领域

协同学作为系统科学的一个重要分支，其理论和概念被广泛应用于众多领域中。

在企业管理领域，协同学的应用被广泛认可并得到了实质性的成果。企业中的协同机制可以通过促进员工之间的沟通合作来提高生产效率和创新能力。例如，在团队项目中，通过建立有效的协同机制，各个团队成员可以互相协作，共同完成任务，并在这个过程中不断提升个人能力和团队协同能力。这种应用可以促进企业持续创新。

教育领域是应用协同学的重要领域。在传统的教学模式中，学生通常是被动接受知识的，与此相对应的评估也主要以个人评分为主。然而，协同学理念将学习与协作进行了有机结合。教师可以通过鼓励学生之间的合作与交流，建立协同机制，从而培养学生的团队合作能力。例如，在课堂上，教师可以组织学生进行小组讨论和合作学习，这样可以激发学生的积极性和创造力，同时也提高了教学水平。

在科研领域，协同学理论同样发挥着重要作用。科学研究的过程常常需要多个学者的合作和交流，而协同学为此提供了理论支持。通过建立协同机制，研究者可以共享资源、提供反馈和互相合作，从而加速科研进程和提高研究水平。协同学的应用使科学研究更具有合作性，有助于促进共同进步和创新。

协同学的应用还广泛涉及医疗、公共管理、社会服务等领域。在医疗领域，医生和护士之间的协同合作对于提高医疗水平具有重要意义。在公共管理领域，相关部门和社会组织之间的协同合作可以提高公共服务的效率。协同学的应用不仅能解决现实问题，也为各个领域的发展提供了新思路和方法。

在不同的领域中，协同学的应用都可以通过建立协同机制，促进合作与创新，提高效率。随着协同学的不断发展和深入研究，其会在更多领域中展现出更大的价值和影响力。

二、协同创新的基础知识

（一）创新的协同机制

协同创新作为一种新兴的创新方式，致力于促进不同组织、部门或个体之间的合作，以达到共同创新的目标。在协同创新的实践中，创新的协同机制起着关键作用。

协同创新的核心是营造开放、互信和共享的工作环境。在这样的环境中，各方能够充分沟通和交流，共同构建知识共享平台。在这个平台上，个体能够分享自己的专业知识和经验，通过协同的方式解决问题和创新。这种开放的协同机制可以打破一些局限，促进各方的融合与共同成长。

创新的协同机制需要合理组织和管理资源。协同创新涉及多方参与和多领域的知识融合，因此需要合理配置和管理所需资源。资源的合理组织包括人力资源、技术资源、财务资源等。在组织协同创新过程中，各方需要明确各自的职责，协调好资源的分配，确保协同创新的顺利进行。

创新的协同机制还要求建立有效的协同沟通机制。协同创新过程中，多个参与方之间的有效沟通是成功实现共同创新的关键。有效的协同沟通需要建立科学的沟通渠道和机制，确保信息的畅通。在这个过程中，各方应该积极分享观点，提供及时的反馈，获得协同创新的最佳结果。

总体而言，创新的协同机制是协同创新的基础。它能促进不同组织、部门或个体之间的协作，打破局限，实现知识的共享。在协同创新的实践过程中，合理组织和管理资源、建立有效的协同沟通机制是创新协同机制的重要内容。只有不断完善和优化协同机制，才能更好实现协同创新的良性循环。

（二）协同创新的要素

协同创新作为一种多方参与的创新方式，在实践中涉及多个要素。这些因素的相互影响与作用，一定程度上决定了协同创新的成败。

1. 信息共享

信息共享与沟通渠道的畅通是协同创新的基础条件。在协同创新过程中，不同参与方之间的信息传递和交流是非常重要的。当信息共享渠道畅通时，才能实现各方知识和经验的集成。因此，为了促进协同创新的良好发展，我们需要确保信息共享和沟通渠道的畅通性，并采取适当的措施来加强合作伙伴之间的交流和互动。

2. 互相合作

协同创新需要强大的合作伙伴关系来支持和推动创新活动的开展。在选择合作伙伴时，应注重选择具有互补优势的组织或个人。这种互补性可以提高团队的创造力和创新能力。同时，建立稳定的、互信的合作伙伴关系也是协同创新成功的重要因素。在合作中，各方应积极参与、互相尊重、互相支持，从而促进协同创新的顺利进行。

3. 知识共享

协同创新涉及大量的知识理论。因此，建立有效的知识管理和共享机制对于协同创新的成功十分重要。在知识管理方面，我们可以采用一些先进的知识管理工具和技术，如知识库、协同平台等，方便知识的积累、组织和传播。同时，要培养和强化知识共享的氛围，鼓励和支持创新团队成员之间的知识共享，以便更好地促进协同创新的开展。

4. 灵活管理

协同创新需要灵活的组织结构和管理机制来适应不断变化的创新环境。传统的创新模式往往以单一的组织为中心，由上至下进行管理。协同创新则更加注重灵活性和自主性。在协同创新中，组织应打破传统的边界，采用更加灵活的组织结构和管理机制。这样可以促进协同创新活动的高效进行，同时增强团队成员的创新意识和创新能力。

综上所述，信息共享与沟通渠道的畅通，强大的合作伙伴关系，有效的知识管理和共享机制以及灵活的组织结构和管理机制是协同创新的要素。只有充分考虑并有效处理这些要素，才能更好推动协同创新的顺利进行，并取得良好的创新成果。

三、协同机制的基本理论

（一）协同机制的定义

协同机制可被界定为一种机制或体系，旨在促进不同个体或组织之间的合作或协同。它是一个有序的系统，通过各种规则、流程和方法来协调参与者之间的行动，以实现共同的目标。

协同机制的核心特征在于它能够有效整合和利用不同个体的资源、知识和能力。在协同机制中，个体之间相互依赖、相互合作，通过协作或协同的方式完成任务或解决问题。这种协同机制的设计和运行，要求有明确的协同目标、协同规则、协同流程和协同机制。

从本质上来说，协同机制是一种组织和管理方式，它旨在使个体或组织之间的合作更高效。协同机制为参与者提供了一个共同的工作框架，并鼓励他们共享信息资源。它创造了一种合作氛围，促进了沟通与协商，使创新和协同成为可能。

协同机制可以应用于各个领域，包括企业、高校、相关机构等。无论在哪个领域，协同机制都可以帮助参与者共同面对挑战、解决问题，提高团队效能。再者，协同机制的成功在很大程度上取决于参与者的积极参与和充分理解。只有当每个参与者都充分认识到协同机制的重要性，并愿意为共同目标做出努力，协同机制才能真正发挥作用。

（二）协同机制的分类

协同机制作为促进协同活动和创新的重要方式，在研究领域中有着广泛应用。协同机制的分类是对不同类型的协同活动进行系统划分和整理，以便更好地理解和分析不同协同机制的特征和作用。

从实现的角度来看，协同机制可以分为社会协同和技术协同两类。社会协同侧重于人与人之间的合作，强调人的主观能动性和社会关系的建立。技术协同侧重于借助信息技术和工具来支持和促进协同活动，强调技术手段对协同效果的影响。社会协同和技术协同相辅相成、相互结合可以获得更好的协同效果。

根据协同活动的范围和问题类型的差异，协同机制可以划分为内部协同机制和外部协同机制。内部协同机制主要指组织内部成员之间的协同活动，包括团队合作、项目协作等。外部协同机制则指组织之间或跨领域合作的协同活动，包括联盟、合作研发等。内部协同机制比较容易管理和控制，外部协同机制相对复杂和具有挑战性，但其带来的创新成果也更为丰富。

在协同机制的分类中，还可以考虑协同活动的目标和动机。例如，有基于共享资源的协同机制，旨在实现资源的共享和优化利用；有基于知识创新的协同机制，旨在促进知识的交流和创新；有基于任务分工的协同机制，旨在实现工作任务的协同完成。

综上所述，协同机制的分类涉及不同维度的划分，包括实现角度、活动范围、目标及动机等。了解协同机制的分类有助于我们更好地选择和设计适合自身需求的协同机制，以提升协同效果和创新能力。

（三）协同机制的构成

协同机制的构成离不开明确的目标或目标导向规划。目标确定是协同机制能够顺利运行的前提。参与者需要明确协同的目标和预期结果，并在此基础上进行协同行动的规划。这样的目标导向可以确保协同行动的有效性。

协同机制的构成还包括相互合作的参与者之间的有效沟通和信息共享。协同过程需要参与者之间进行频繁的沟通和信息交流，以达成共识并协调行动。在这一过程中，透明的信息流通和共享是非常重要的，参与者需要及时传递和分享信息，以便更好地协同工作。

协同机制的构成还包括参与者角色责任的明确分工。每个参与者都应明确自己在协同过程中的角色和责任，并按照分工合作的方式进行工作。明确的角色分工可以提高效率、减少冲突，并促进协同工作的顺利进行。

协同机制的构成也包括有效的协同工具和技术支持。协同工作常常需要借助各种工具和技术来完成信息共享、协作和链接。例如，电子邮件、在线文档、编辑工具、管理软件等，都可以为协同机制的构建提供实际支持，并提高协同效率。

总之，协同机制的构成是协同学理论框架中不可忽视的一环。明确的目标和规划，有效沟通和信息共享，明确的角色分工以及科学的协同工具和技术，都是构成协同机制的要素。只有将这些要素充分融合，才能实现协同机制的有效运行。

（四）协同机制的运行过程

1. 明确目标任务

在协同合作的过程中，确定明确的目标能够使团队成员在工作中有明确的努力方向。此外，明确的任务分配也是协同机制运行的前提。通过合理地将任务分配给不同的团队成员，可以充分发挥团队成员的专业能力和潜力，实现资源优化配置，提高团队的整体绩效。

2. 有效沟通协调

团队成员之间的信息共享和沟通是协同合作的基础。通过及时、准确地传递信息，团队成员能够更好地了解工作进展、困难和需求，从而调整工作计划。同时，协同机制还需要有效的协调管理，解决各个团队成员之间可能出现的冲突或意见不一致的情况。通过协调机制，可以促进团队成员之间的协作，提升团队凝聚力。

3. 科学监督评估

监督机制能够保证协同合作过程中的质量和效率。在协同机制中，监督可以通过进展报告、工作汇报等形式进行，确保团队成员按照任务要求和时间节点完成工作。此外，评估机制能够对协同合作的绩效进行评估，为进一步优化协同机制提供参考依据。

4. 持续学习改进

在协同合作过程中，团队成员不断积累经验和知识，通过反思和总结，发现问题和不足，并进行改进和优化。持续学习和改进有助于提升团队的协同能力和整体效能，推动协同机制的发展和创新。

因此，在实践中，我们需要不断探索和创新协同机制的运行方式，适应不断变化的工作需求。

四、协同教育的实践经验

（一）协同教育的理论基础

协同教育作为一种新兴的教育方式，具有扎实的理论基础。在协同学领域，有多种理论为协同教育提供了深刻的解释。

协同学的基本原理对协同教育提供了重要支撑。该理论提出，人们的认知和学习活动是社会互动的结果，个体的学习过程和群体的学习过程相互交织、相互影响。这一原理使我们深入了解到，协同教育的核心在于倡导学生之间的合作与互助，在协同学习的过程中，个体通过与他人的合作，分享观点、交流意见、相互学习，实现知识共享和促进自身成长。

协同创新的理论基础为协同教育提供了指导。该理论认为，创新不是孤立个体的事业，而是通过合作与共享实现的，它强调社会资源的整合以及协作的重要性。在协同教育中，也体现了这一理念，通过学生之间的协同学习，他们能够更好地利用彼此的优势，共同完成学习任务，培养创新能力和解决问题的能力。

协同机制的概念为协同教育提供了管理的理论依据。协同机制强调通过构建合理的组织结构、制定明确的激励机制和搭建有效的协作平台来促进协同合作的实现。在协同教育中，也需要建立相应的机制来促进学生之间的协作学习。例如，可以组建学习小组等，让学生在合作中共同探索和解决问题；还可以引入奖励机制，激励学生积极参与和合作。

总之，这些理论的支撑为协同教育的实施提供了坚实的基础，为促进学生的学习和成长提供了重要支持。在实施协同教育时，我们应深入理解这些知识，结合具体的教学实践，不断完善和创新教学模式，促进学生的全面发展。

（二）协同教育的实施策略

在协同教育的过程中，实施策略的设计和选择是非常重要的。

1. 项目学习

项目学习鼓励学生在团队中合作解决问题，通过实际项目的实施，使学生能在实践中掌握知识和技能。教师可以将学生分为小组，每个小组负责一个具体项目，通过合作讨论和互相学习，促进学生之间的协同创新。

2. 角色扮演

通过角色扮演，学生可以充分发挥自己的想象力和创造力，在团队中扮演不同的角色，模拟真实情境，分析问题、解决问题，并通过协商和合作达成共识。这种策略可以培养学生的团队合作意识和沟通能力，激发他们的创造力。

3. 学科融合

涉及多个学科领域的协同教育可以激发学生的创新思考，培养他们跨学科整合以及解决问题的综合能力。教师可以将不同学科知识和技能融入到教学中，引导学生进行跨学科的思考，提供多样化的学习资源和学习机会。

4. 自主探究

教师应该在教学过程中鼓励学生提出问题、探索问题，并适当给予他们在学习过程中的自主权和选择权。学生在自主学习和自主探究中能培养自己的独立思考能力和应对能力，同时也激发他们的创新潜力。

综上所述，协同教育的实施策略是多样化的。以上策略都可以为学生提供良好的协同学习环境，培养学生的协作精神和创新意识。在实施策略的选择和设计方面，教师需要根据学生的特点和需求灵活运用，不断探索和创新，提升学生的创新能力。

第二节　创新创业教育协同机制的实践路径

一、基于教育的协同机制构建

（一）教育视角的重要作用

在学术研究和社会实践方面，教育视角通常被视为协同机制构建的重要维度。教育视角强调协同机制在教育领域中的作用和意义，并提供理论支持。

1. 倡导知识共享和跨学科合作

在教育环境中，个体之间的合作和知识共享是培养学生创新能力的重要方式。跨学科合作能够促进不同学科的融合，培养学生的综合素质。因此，构建教育视角下的协同机制需要注重多学科知识共享，促进教育资源的整合和优化利用。

2. 注重学生的个性发展

教育领域中，每个学生的学习需求和发展路径都是独特的。因此，在协同机制的构建过程中，应重视学生的主体性和个性发展。这意味着教育者需要充分了解学生的兴趣、才能和学习态度，为每个学生提供个性化的教学。在这个过程中，协同机制可以提供多样化的学习资源和合作机会，满足学生的不同需求。

3. 关注教师的角色能力

教师作为教育的重要组成部分，发挥着关键作用。教育视角强调教师的引导作用，要求教师具备跨学科教学能力和协同创新能力。教师应具备协同合作的意识，能够引导学生进行合作学习和团队创新。此外，教师还应积极参与协同机制的设计，促进协同机制的有效运行。

总之，协同机制的构建需要注重知识共享和跨学科合作，学生主体性和个性化发展以及教师的角色和能力。这些原则为教育机构和教育者提供了指导，为协同机制的建立和应用提供了方向。

（二）教育视角下的协同机制构建

在教育视角下，协同机制的构建是为了促进教育领域各方资源的协同，实现教育目标。协同机制的构建需要考虑教育的特点以及参与者的需求和角色定位。

教育视角下的协同机制构建需要以目标和任务为导向。在制定协同机制时，需要明确教育目标，并将协同机制与教育任务相结合。例如，针对提高学生学习成绩这一教育目标，可以构建师生协同机制，包括教师的个性化辅导和学生的积极参与等方面。

教育视角下的协同机制构建需要注重参与者之间的交流与合作。在教育领域中，师生、学生之间以及学校和相关机构之间需要进行有效的交流与合作，实现共同的教育目标。例如，可以建立学生社群，提供学生互助学习平台，鼓励学生之间的合作与共享。

教育视角下的协同机制构建还需要充分考虑教育资源的共享与整合。教育资源的共享可以促进信息的流通与传播，提高教育质量。例如，可以建立教育资源共享平台，教师可以发布教学资源、课程等，学生可以自主学习和下载，从而提升学习效率。

教育视角下的协同机制构建也需要注重评估与反馈。在协同机制运行的过程中，需要对协同效果进行评估，并根据评估结果进行调整和优化。例如，可以建立教育质量评估机制，定期对教育协同机制的运行效果进行评估，以便及时发现问题并采取相应的措施。

总之，教育视角下的协同机制构建，需要以目标和任务为导向，注重参与者之间的交流与合作，充分考虑教育资源的共享与整合，以及注重评估与反馈。通过这些策略的有效运用，可以推动教育领域的协同发展，提升教育水平，实现教育目标。

三、基于实践的协同机制构建

（一）实践视角的理论基础

在实践视角下，协同机制构建是一项复杂的任务。

实践视角下的协同机制构建需要考虑相关方的参与和协同。这意味着协同机制的设计和构建不仅需要满足组织内部的协同需求，还需要整合外部合作伙伴的资源。以合作为基础，协同机制能促进各方之间的信息共享、知识传递和资源整合，从而提高整体的协同效能。

实践视角下的协同机制构建需要考虑团队内外环境的变化和不确定性。随着社会和经济的发展，团队面临的挑战也日益复杂多变。因此，协同机制应该具备灵活性和适应性，能够及时调整和适应不同情境下的需求和变化。

实践视角下的协同机制构建还需要注重知识的创新和转化。知识作为一种重要的生产要素，在协同机制中扮演着重要角色。协同机制能促进知识的流动，鼓励创新和知识共享。只有保持持续学习和知识更新，团队才能在激烈的市场竞争中获得优势。

综上所述，实践视角下的协同机制构建需要考虑多方参与、环境变化和知识创新等因素。通过合理设计和有效构建协同机制，团队能在竞争激烈的市场中保持持续的创新和发挥协同效能。

（二）实践视角下的协同机制构建

1. 明确目标

在实践中，协同机制的目标可能是为了实现资源共享，促进信息传递，提高工作效率等。因此，确定协同的目标是十分重要的，它将指导后续的协同机制构建。

2. 协同参与

在协同实践中，需要明确参与者的角色和责任，并确定最佳的合作方式。例如，可以通过团队协作、跨部门合作或者定期会议等实现协同。此外，还可以考虑利用现有的技术平台和工具来支持协同实践。

3. 完善流程

实践视角下的协同机制构建需要有清晰的工作流程和明确的规则。这些流程和规则将帮助参与者更好地理解和遵守相关要求。同时，还可以通过制定奖励机制或者建立沟通渠道来激励或支持参与者。

4. 监测评估

在实践过程中，协同机制需要不断监测和评估，以确保其有效性和可持续性。监测和评估可以通过收集数据、定期评估或者收集用户反馈等方式进行，以便及时发现问题并改进。

总之，实践视角下的协同机制构建需要考虑协同目标、合作方式、流程规则以及监测和评估等。综合考虑这些因素，能够构建出适合实践环境的有效协同机制，为实践提供有力的支持。

（三）实验验证

在实践视角下，协同机制的构建对于促进各领域的合作具有重要意义。为了验证实践视角下协同机制的有效性，我们进行了部分实验研究。

一是以某地区的教育系统作为研究对象，探索实践视角下协同机制的构建。通过设立跨学科的教师团队，并组织跨学校合作项目，促使教师间、学校间进行协同合作。实验结果表明，这种构建策略能够提高教师的专业能力、加强学校间的资源共享，从而实现更好的教育目标。

二是针对某个产业领域，在其中构建实践视角下的协同机制。通过建立产业联盟、推动公司间的合作和资源共享，验证了协同机制对于推动创新、提高生产效率具有积极作用。实践视角下的协同机制能够促进不同企业间的合作，弥补一些短板，提高整体竞争力。

三是选取一些典型案例，对实践视角下协同机制的构建进行深入研究。通过对这些案例的分析，我们发现实践视角下的协同机制能够在不同领域实现多方合作，解决问题，并取得显著成效。例如，在城市规划领域，通过多方参与，实践视角下的协同机制能够提高规划的科学性、灵活性，满足各方需求。

因此，实践视角下的协同机制构建在各领域具有广泛的应用前景。未来的研究可以进一步探索不同领域中的协同机制构建，进一步丰富相关理论知识。

四、协同机制构建策略的比较

（一）政策视角与教育视角的比较

在政策视角下，重点是研究相关政策的制定和实施，以及相关部门在协同机制中所扮演的角色。教育视角则聚焦于教育领域内的资源分配，提高协同效果和促进各方合作。

从政策视角来看，协同机制的构建需要依托政策的支持。相关部门在这一过程中起到了重要的引导和协调作用，通过制定合理的政策，可以促进各方的积极参与和合作。其优势在于能够提供明确的方向和框架，为协同机制的建立和实施提供指导。此外，还能减少协同机制中的不确定性，为各方营造相对稳定的环境，有利于协同合作的开展。

相比之下，教育视角更关注教育领域内的问题和挑战。通过调整资源配置和创新教育模式，可以提高教育的质量，从而推动协同机制的发展。其优势在于能够提出更具体的解决方案，针对教育行业内部的问题，提供切实可行的改进措施。它的另一个优势在于注重培养参与者的素质，通过教育培训等，提高协同机制的可持续性。

总之，政策视角注重政策的制定和实施，强调引导和协调作用；教育视角关注教育领域内的资源分配和教育模式创新。两种视角各有优势和局限，结合起来可良好推动协同机制的发展。

（二）教育视角与实践视角的比较

教育视角侧重于学校教育的改革与发展，注重培养学生的能力和素质，推动学校内部各个教育环节的协同合作。实践视角则强调将知识与实践相结合，注重学生在现实生活中的能力培养。

从目标定位上看，教育视角下的协同机制构建主要关注学生的综合素质提升，以培养能适应社会发展需求的人才为目标。它强调学科之间的融合，将各个学科的知识和技能有机结合起来，鼓励学生跨学科学习和实践。实践视角下的协同机制构建则更注重学生的实践能力培养，通过社会实践等，使学生能够将所学知识应用于解决实际问题中，培养学生的创新意识和实践能力。

在实施路径方面，教育视角下的协同机制构建通常以教育改革为核心，采取多层次、多评价方式的教学设计和组织形式。例如，学校可以设置跨学科课程，引入项目式学习，开展教育实习等，鼓励学生在不同学科领域中进行思维与实践的融合。实践视角下的协同机制构建则更注重实际操作和实践环节的设计。学校可以与企业、社区等合作，组织实践活动，包括实地考察、实验室实训等，帮助学生将所学知识与实际情境相结合，提升实践能力。

在评价体系上，教育视角下的协同机制构建通常采用综合评价方式，注重学生综合素质和能力的培养。学校会对学生的学科知识、研究能力、创新能力、实践能力等方面进行评价。实践视角下的协同机制构建则更注重实践成果的评价。学校通过实践报告、实践方案、成果展示等，对学生的协同实践进行评价。

综上所述，教育视角注重学生综合素质的培养，促进学科的融合；实践视角注重实践能力的培养，注重将知识应用于问题解决中。在目标定位、实施路径和评价体系等方面都存在差异，但又相互补充，能共同促进学生全面发展和满足社会需求。

（三）政策视角与实践视角的比较

从政策视角来看，协同机制的构建需要相关部门积极参与和领导。在制定相关政策时，应考虑相关方的需求，并根据具体情况制定相关政策，能够提供指导，落实协同机制所需要的资源和支持。实践中，需要积极参与协同机制的实施，提供扶持，确保协同机制的顺利运行。

相比之下，实践视角更注重协同机制的具体实施与效果评估。实践视角强调实际操作中的经验总结、问题解决和改进。通过实践，可以发现协同机制实施中存在的问题，并及时采取措施进行优化。其突出了通过实际行动来推动协同机制的发展，注重解决实际问题和满足相关方的需求。

在实际操作中，协同机制的实施难度较大，可能会面临资源不足、信息共享不畅、协同合作困难等挑战。此外，实践视角重视实施与效果评估，可能会忽视相关指导和长远规划层面的考虑。因此，在协同机制构建中，需要相互配合，共同推动协同机制的发展。

综上所述，政策视角和实践视角都是协同机制构建的重要角度，在具体实施中各自具有其优势和限制。政策视角和实践视角应相互结合，共同促进协同机制的顺利运行和进一步发展。充分发挥两者的优势，能够构建更加有效的协同机制，推动相关领域的进步。

第三节　创新创业教育协同机制的主要内容

一、高校创新创业教育协同机制的概念与要素

（一）创新创业教育协同机制的概念

创新创业教育协同机制是指为促进高校创新创业教育的协同发展而建立的一系列机制的总称。它以高校的创新创业教育为核心，将相关主体和资源有机组合，形成一种协同运作的机制。

创新创业教育协同机制的核心是高校。作为教育的主要承担者和知识的传授者，

高校在创新创业教育中发挥着重要作用。高校通过课程设置、实践活动等培养学生的创新精神和能力，为创新创业教育协同机制的建立提供基础。

创新创业教育协同机制还需要企业的参与。企业作为市场的主体，具备丰富的资源和创业经验。通过与高校的合作，企业可以为学生提供实践机会，帮助他们更好地了解市场需求和创业环境，提高创新创业的素养。

相关部门的支持也是创新创业教育协同机制不可或缺的一部分。相关部门在政策、资金和资源方面的支持能够为高校的创新创业教育提供有力保障。相关部门可以制定相关政策，鼓励高校与企业合作，推动创新创业教育的深入开展。

学生、校友和社会机构的积极参与也对创新创业教育协同机制的建立起到促进作用。学生是创新创业教育的受益者，他们的参与能够激发创新创业的热情和潜能。校友和社会机构则通过提供资源和相关支持，为创新创业教育注入了活力和动力。

总之，创新创业教育协同机制是通过高校、企业、社会机构等的协同合作，推动创新创业教育的发展。在这一机制下，各方共同努力，共享资源，共同培养创新创业人才，为创新创业的发展提供有力支持。

（二）创新创业教育协同机制的要素

在高校创新创业教育协同机制中，存在多个关键要素，它们相互交织、互相依存，形成了创新创业教育的复杂系统。

1. 政策支持

政策的制定和支持对于构建创新创业教育协同机制起着关键作用。高校需要明确的政策指导，包括课程设置、项目资助、创业基地建设等方面的政策支持。相关扶持能够促进高校创新创业教育的发展繁荣。

2. 师资队伍

高素质的师资队伍是创新创业教育协同机制中不可或缺的要素。这些教师需要具备丰富的创业经验和专业知识，能够教授学生创新创业的系统理论，并能引导学生进行创新创业项目的实践。

3. 教育平台

创新创业教育协同机制需要有效的平台支持，包括实验室、创业孵化器、在线课程等。这些平台能够为学生提供创新创业实践的机会，以及自主学习的途径，培养学生的实践能力和创新思维。

4. 资源投入

高校创新创业教育协同机制需要充足的资源投入，包括经费、设备、人力等方面。这些资源的投入能够保障创新创业教育的顺利开展，为学生提供全方位的帮助。

5. 学生参与

学生的参与是构建创新创业教育协同机制不可或缺的要素。高校需要积极鼓励和培养学生的创新创业意识，为学生提供创新创业的平台，激发学生的创新创业潜能。

总之，这些要素在实际操作中要相互配合、相互促进，形成良好的创新创业教育模式。只有这样，高校创新创业教育协同机制才能够更好地发挥作用，为培养具有创新精神和创业能力的人才做出贡献。

（三）高校创新创业教育协同机制的重要性

在快速变化和竞争激烈的环境下，高校创新创业教育协同机制的重要性日益凸显。该机制在促进学生创新创业能力培养、推动产学研协同发展、提升高校整体创新水平等方面发挥着重要作用。

高校创新创业教育协同机制为学生创新创业能力的培养提供了有力支持。通过建立创业实践基地、开设创业课程等方式，高校营造了创新创业的良好环境，激发了学生的创造力和创新精神。同时，协同机制下的跨学科合作和交流也有助于学生的全面发展，为他们创新创业能力的培养提供了更好的平台。

高校创新创业教育协同机制推动了产学研协同发展。高校作为重要的教育场所，通过与产业界和科研机构的紧密合作，能够将学术研究成果转化为实际的创业项目。协同机制下的资源共享和合作研究，不仅促进了产学研三方的共同进步，也为高校提供了更多的实践机会和创新资源。

高校创新创业教育协同机制有助于提升高校的整体创新水平。通过与外部创业资源的对接，高校能够引入更多的先进科技和知识，提升教育水平和科研能力。同时，协同机制下的合作创新和创新文化培育，也能激发高校师生的创新潜能，推动学术研究和科技创新的发展。

总之，高校创新创业教育协同机制的重要性在于其能有效推动学生创新创业能力培养、促进产学研协同发展、提升高校整体创新水平等方面。我们应该进一步加强对协同机制的研究，不断提升教育水平，为培养更多有创新精神和创业能力的人才做出积极贡献。

二、创新创业教育协同机制的理论模型

（一）协同机制理论模型的构建

协同机制理论模型的构建是高校创新创业教育的核心任务。通过构建适合高校创新创业教育的协同机制理论模型，可以有效促进各方之间资源、信息和知识的共享与互动，从而推动创新创业教育的发展。

在构建协同机制理论模型时，需要明确各方主体的角色和职责。高校作为创新创

业教育的主要承担者，应承担起创新创业教育的组织与管理责任。相关部门则应提供政策支持和资源保障，促进创新创业教育的开展。产业界作为创新创业教育的重要参与者，应提供实践平台和资源支持，为学生提供创业机会。

在协同机制理论模型的构建中，需要明确各方主体之间的相互关系和合作方式。可以采用协同、共享、互动等方式，促进各方之间的协同合作。例如，高校可以与产业界建立产学研结合的合作模式，在创新创业教育中引入实践项目，由产业界提供实践平台和导师指导，为学生提供真实的创业体验。

协同机制理论模型的构建还需要考虑到各方主体之间信息共享和知识传递。可以建立信息平台和知识库，实现信息的共享和传递。通过这些措施，可以使高校、相关部门和企业之间的合作更加高效，推动创新创业教育取得更好的效果。

综上所述，明确各方主体的角色和职责，建立协同、共享、互动的合作方式，以及实现信息共享和知识传递，有助于推动高校创新创业教育向更高水平发展。因此，合理构建协同机制理论模型对于高校创新创业教育具有重要意义。

（二）协同机制理论模型的应用

为了实现有效的教育协同，促进创新创业活动的开展，需要构建精确且可操作的模型。

协同机制理论模型的应用需要明确协同机制的目标与功能。协同机制旨在提供全面的教育支持和资源整合，促进学生的创新创业能力和意识的培养。在协同机制的应用过程中，我们需要依据实际需求和目标，明确各方的角色和责任。例如，学校作为主导者和组织者，负责规划和组织各类创新创业课程和活动；企业和相关专家可提供实践经验和资源支持；学生则是创新创业的主体，在协同机制中扮演着参与者和创造者的角色。

协同机制理论模型的应用还需要借助现代信息技术的支持。随着信息化时代的发展，网络平台和技术工具的出现为协同机制的实施提供了便利。学校可以建立在线平台，发挥信息共享、项目管理和交流互动的功能，促进学生、教师和企业之间的协同合作。同时，基于大数据和人工智能的技术应用也可为协同机制的实施提供数据支持和决策指导，提高教育协同的效率和水平。

协同机制的应用也需要注重评估和反馈机制的构建。通过及时评估和反馈，可以监测协同机制的运行效果，发现问题并及时进行调整和优化。评估和反馈机制可通过问卷调查、学生反馈和案例分析等方式进行，确保协同机制的有效性和可持续性。

协同机制理论模型的应用在高校创新创业教育中具有重要意义。首先，它能打破传统学科和专业的界限，促进跨学科融合和资源整合，提供更广阔的学习和实践空间。其次，协同机制能够激发学生的创造力和创新潜能，培养学生的团队合作意识和沟通能力。再次，协同机制的应用还可以加强学校与企业的合作交流，提升学生的就业竞争力。

（三）协同机制理论模型的优势

1. 促进资源整合

在创新创业教育中，资源的整合是十分重要的。协同机制可以通过建立跨学科、跨部门的合作关系，将高校内部各种资源进行整合，形成更加丰富和系统的创新创业教育资源体系。例如，可以将院系的专业知识、科研成果与创业项目有效结合，提供更全面的指导。

2. 促进合作学习

在协同机制的引导下，不同专业的学生、教师、企业家等可以进行跨界学习和交流，分享彼此的经验和知识。这种合作学习和交流的机制可以增强参与者之间的沟通合作能力，培养创新创业的团队合作精神。

3. 促进思维培养

协同机制注重创业实践的融入和评估。通过合作开展实践项目，学生和教师可以深入实际，感受创新创业的挑战和机遇，从而培养创新创业的思维方式和能力。这种培养方式能够使学生在实践中锻炼自己的创造力、判断力和解决问题的能力。

4. 提供支持服务

协同机制强调学校与企业、社会资源的深度对接，为学生提供创新创业的指导、咨询和支持服务。通过建立产学研用一体化的合作平台，学生可以充分利用外部资源，获得更多的创新创业机会。同时，协同机制还能够通过与监管机构和相关部门合作，为学生提供法律、政策等方面的支持，降低创业的风险。

三、高校创新创业教育协同机制的资源

（一）教育资源的分类

通过对教育资源进行分类和深入分析，可以更好地理解和把握这些资源的特点和作用，进而为协同机制的构建提供有力支撑。

教育资源可以按来源进行分类。一方面，高校内部的教育资源包括教师队伍、培训机构、课程资源、教学设施等。这些内部资源是构建高校创新创业教育协同机制的基础，对于开展创新实践以及创业培训等各类教育活动具有重要意义。另一方面，外部资源也是不可忽视的一部分，如企业资源、社会资源等。这些外部资源的引入和合理利用，可以为高校创新创业教育提供丰富的实践机会和多元化的培养平台。

教育资源还可以按形式进行分类。传统的教育资源主要包括书籍、资料、实验设备等物质资源。随着信息技术的快速发展，数字化教育资源也逐渐成为重点。数字化

教育资源通常包括电子书籍、网络课程、在线实验等，这些资源的整合及使用，极大地方便了师生的学习和交流，并且有助于打破限制，实现教育资源的共享。

教育资源也可以按应用领域进行分类。创新创业教育涉及广泛的领域，如科学技术、文化艺术、商业管理等。在不同领域的教育资源中，每一种资源都有其独特的优势和应用场景。因此，对不同领域的教育资源进行准确定位和分析，有助于实现教育资源的有效应用。

教育资源的分析需要考虑资源的可持续性和发展潜力。教育资源的可持续性意味着资源的更新和续展能力，如师资队伍的培养和更新、课程的更新和升级等。教育资源的发展潜力则体现在资源的潜在价值和应用前景方面，如新技术的应用、新领域的拓展等。充分挖掘和利用具有可持续性和发展潜力的教育资源，能不断提升高校创新创业教育的水平。

（二）教育资源的整合与配置

在构建高校创新创业教育协同机制的过程中，教育资源的整合与配置非常重要。教育资源的整合是指将各种教育资源以合理的方式组合在一起，形成协同作用的整体。教育资源的配置则是将整合好的资源按照一定的需求和目标进行合理分配。

教育资源的整合与配置是构建创新创业教育协同机制的基础，它能够使各个教育资源点互相关联、相互促进，形成更加有利于学生参与创新创业活动的整体环境。这样的整合与配置能够提供学生所需的各类资源，包括教师资源、实验室设施、创业导师等，从而为他们提供全方位的支持。

教育资源的整合与配置能够提升高校创新创业教育的水平。通过合理的整合和配置，可以避免资源的浪费和重复利用，使资源得到最大化利用。例如，通过整合不同学科领域的教师资源，可以打破学科边界，促进跨学科合作和创新思维的培养；通过配置先进的实验室设施，可以为学生提供实践和创新的平台。这样的整合与配置有助于提高创新创业教育的实效性和影响力。

在进行教育资源的整合与配置时，还需要考虑三个方面的内容。首先，要充分了解学生的需求和创业项目的特点，根据实际情况进行资源的选择和整合。其次，要积极与校内外的相关合作伙伴进行沟通与合作，共同建设创新创业平台。再次，要注重资源的可持续性和协同性，确保教育资源的持续供给和协同发挥作用。

（三）教育资源的利用

教育资源可以分为物质资源和非物质资源两类。物质资源包括实验室设备、图书资料、场地等资源，非物质资源则涵盖了师资力量、校企合作、教育平台等。

教育资源的有效利用是高校创新创业教育协同机制良好运行的基础。高校要充分利用物质资源支持创新创业教育的开展。例如，建设先进的实验室设备和提供丰富的图书资料，可以为学生提供更好的实践环境和学习平台。此外，校企合作关系的建立也是利用教育资源的重要途径。通过与企业合作，高校能够获得更多实际案例和实践机会，使学生更好地了解创业的真实情况。

教育资源的利用需要注意灵活性和个性化。不同学生有不同的学习需求和创业倾向，因此高校应该灵活运用教育资源，满足不同学生的需求。例如，发挥优秀师资力量的优势，进行个性化辅导，帮助学生发掘自身潜力和特长。另外，鼓励学生参与创新创业教育平台的建设和管理，可以让学生体会资源利用的决策过程，提高资源利用效率。

教育资源的利用也要注重效果评估。高校应该建立科学的教育资源利用评估体系，从学生的创新创业能力，创业项目的成功率等方面进行综合评价。这样能够了解教育资源的利用情况以及效果，为后续的资源优化提供依据。

总之，教育资源的有效利用是高校创新创业教育协同机制中不可或缺的部分。通过合理利用物质和非物质资源，关注灵活性和个性化，以及建立有效的评估体系，可以进一步提高教育资源的利用率，推动高校创新创业教育协同机制不断完善。

第四节　创新创业教育协同机制的可持续发展

一、高校创新创业教育协同机制的现状

（一）高校创新创业教育的发展概况

在当下，高校创新创业教育已经成为教育发展的重要方向。作为培养学生创新创业能力的重要途径，高校创新创业教育在高等教育中扮演着十分重要的角色。随着经济的发展和知识经济时代的到来，创新和创业成为了推动社会进步的重要动力，高校创新创业教育因此受到了广泛的关注。

高校创新创业教育的发展取得了显著的成绩。许多高校积极探索创新创业教育的教学方法和内容，完善创新创业教育课程的设置，建立了一批优秀的创新创业教育平台。通过开展各类创新创业项目和比赛，激发了学生的创新创业意识，提升了他们的创新创业能力。一些高校还积极引进创新创业教育的先进理念和方法，加强与企业、科研机构等的合作，促进学生创新创业实践的深入开展。

高校创新创业教育的发展也面临着一些问题和挑战。首先，创新创业教育的理念和课程设置仍存在不足，还需要进一步完善。一些高校对于创新创业教育的认识还不够深入，教学内容和方法相对单一，缺乏实践和学科的融合。其次，高校创新创业教育的资源投入还不够充分，导致教育平台建设不够完善。同时，教师队伍建设和学生创新创业能力培养也面临一定的困难。再次，创新创业教育与企业、科研机构的合作仍然不够紧密，实践环节还存在一些障碍。

为了进一步推动高校创新创业教育的发展，我们需要采取一系列措施。其一，高校应该加强与企业、科研机构等的合作，促进创新创业实践的开展。其二，高校需要加大对教师队伍建设的支持力度，提升教师的教育教学能力。其三，高校需要加强对学生的创新意识培养，引导学生注重实践和创新思考。其四，高校可以借鉴其他地区或国家的成功经验，加强创新创业教育的国际交流与合作。

综上所述，高校创新创业教育的发展虽然取得了一定的成绩，但仍面临着不少问题。只有通过不断努力和改进，高校创新创业教育才能不断发展，为培养更多优秀创业人才做出贡献。

（二）高校创新创业教育协同机制的现状

在当前快速发展的社会环境下，高校创新创业教育协同机制发挥着重要的作用。

我们需要认识到高校创新创业教育协同机制的重要性。这种机制促进了高校之间的共同协作，通过资源的共享与整合，将各所高校的创新创业教育力量整合在一起，形成合力，提高了整体教育水平。同时，这种协同机制也有利于创造更多的合作机会，促进教学、科研与实践的有机结合，为学生未来创业提供更多支持。

高校创新创业教育协同机制还存在一些不足之处。首先，协同机制的构建仍不够完善，缺乏明确的组织和管理机制，导致资源整合不够充分。其次，合作的层次较低，合作范围较窄，往往只限于少数高校间的合作，而未能涵盖更广泛的高校群体。再次，合作中的相互认同和互信仍然不足，合作成果的共享和效益的评估也存在一定的难度。

我们需要采取相应的策略来推动高校创新创业教育协同机制的可持续发展。首先，建立健全管理机制至关重要。通过构建统一的协同机制，明确各高校之间的分工与职责，发挥各自的优势，可以实现资源共享与优势互补。其次，需要积极推进多层次、多领域的协作。除了与国内外高校的合作外，还应与企业、相关部门等建立更加广泛的合作关系，形成协同创新的强大网络。再次，加强协同成果的共享。建立机制，鼓励高校之间共享新的教学方法、创新项目以及教育资源，提高整体教学水平。

因此，高校创新创业教育协同机制是推动教育发展的重要途径。当前，我们应充分认识到其重要性和存在的不足，采取相应的措施促进其持续发展，为学生提供更好的支持。

（三）高校创新创业教育协同机制的问题

由于各高校之间的合作程度不同，协同机制的建立存在着不协调的现象。一些高校在创新创业教育方面投入较多的资源，而一些高校则缺乏相应的支持，导致协同效果难以达到最佳状态。

高校创新创业教育协同机制还面临着管理和运营的问题。协同机制需要有效的管理体系来协调相关方的协作。然而，一些高校在机制运营方面存在不够成熟的问题，缺乏统一的管理标准，导致协同机制的运行效率低下，甚至出现信息不对称和浪费资源的情况。

高校创新创业教育协同机制在实践中面临着规章制度的约束。当前，部分高校的相关制度不够完善，难以充分调动各方的积极性和创造性，制约了协同机制的可持续发展。

我们也面临着协同机制中的创新和创业意识不够强的问题。虽然高校在创新创业教育方面已经投入了大量资源，但是在培养学生的创新和创业意识方面还存在一定的不足。一些学生对于创新创业的理解和认识不够深入，缺乏实际操作机会和实践经验，这也制约了协同机制的有效实施。

针对上述问题，我们需要采取一系列措施来促进高校创新创业教育协同机制的可持续发展。首先，建立健全协同机制管理体系，强化各高校间的沟通与合作，促进信息共享和资源整合。其次，加强政策与制度的衔接，将相关政策和高校的内部管理机制相结合，形成有力的推动。再次，要注重培养学生的创新和创业意识，加强实践教育与理论学习的结合，提供更多的创业机会和平台，激发学生的创造力。

总之，不断完善和改进协同机制，能更好地发挥高校的创新创业教育功能，为学生未来创业提供更好的支持和帮助。

二、协同机制的可持续发展模式

（一）协同机制的理论模型构建

协同机制是高校创新创业教育的重要组成部分，它通过整合校内外资源、搭建平台和建立合作关系，促进创新创业教育的协同发展。为了构建高效可持续的协同机制，我们需从理论层面出发，建立合理的模型。

在构建协同机制的理论模型时，同样需要明确协同的目标和内涵。协同的目标是为了提高创新创业教育的水平，促进学生的综合素质提升和创新意识培养。协同的内涵包括多方参与、资源共享和信息交流等方面。在理论模型中，我们要将这些目标和内涵具体化，明确各方的角色和职责。

我们还需要考虑协同机制的具体运行方式。协同机制的运行是一个系统化、规范化和高效化的过程。为了实现这一目标，我们可以借鉴项目管理的理念和方法，明确各方的权利和义务，建立协同机制的操作规范，确保各项工作按照预期进行。

协同机制的建立也需要依托信息技术的支持。信息技术的应用可以提高协同的效率和便利性，加强各方的沟通和合作。例如，可以建立一个协同平台，集成各类资源和信息，方便教师和学生了解创新创业教育的最新动态和资源情况。同时，信息技术还可以提供数据分析和评估的服务，帮助评估协同机制的效果。

因此，协同机制的理论模型构建是确保高校创新创业教育可持续发展的基础。通过明确协同的目标和内涵，规范运行方式和流程，借助信息技术的支持，我们能够建立高效可持续的协同机制，为高校创新创业教育的发展提供良好的保障。

（二） 可持续发展的实施路径

1. 完善的管理体系

这包括设立专门的创新创业管理部门或机构，明确界定各个岗位的职责，建立科学高效的工作流程。通过明确的组织机构和管理体系，可以使协同机制在各个层面上形成合力，更好地推进高校创新创业教育的可持续发展。

2. 紧密的合作关系

高校应积极与相关部门、企业、科研机构等建立紧密的合作关系，共同开展创新创业教育项目和相关研究，共享资源和经验。通过合作，高校能够从外部获得更多支持和资源，提高协同机制的可持续发展能力。

3. 师资队伍建设

高校应加强教师培训和队伍建设，提升教师的创新创业教育素养和能力。同时，鼓励教师积极参与实践和研究，不断更新教育理念和教学方法。高校拥有高质量的师资队伍，能更好地促进协同机制持续发展。

4. 有效的评估体系

高校应建立科学的评估体系，采用合理的评估方法，对协同机制的运行效果进行全面、客观的评估。通过评估，可以及时发现问题，从而进一步改进和优化协同机制，确保其可持续发展的正确方向。

5. 创新文化的培育

高校应在校园内营造积极主动、包容创新的氛围，鼓励学生展示创新创业的才华和创意。同时，还应加强创新创业教育的课程开设和活动组织，培养学生的创新意识和能力。通过培育创新文化，能够吸引更多人才参与协同机制构建，推动其可持续发展。

（三） 实际应用和效果

高校创新创业教育协同机制的实际应用涉及多个层面。在学校层面，高校需要建立与创新创业教育相关的组织架构，包括教育中心、导师团队等，以便提供系统化、高效化的教学指导。同时，各学院等也应该加强协同合作，开设跨学科的创新创业课程，促进学生的全面发展和创新思维的培养。此外，学校应该加强与企业、相关机构的合作，建立产学研合作平台，为学生提供实践机会和创业资源。

可持续发展模式的实际应用需要实施一系列策略。首先，要建立创新创业教育的长效机制，包括完善的课程体系、鼓励创新创业的评价体系、设立创业基金等，确保教育的质量和持续性。其次，加强专业教师队伍建设，培养更多具备实践经验和创新思维的教师，为学生提供更好的指导和支持。再次，要加强创新文化的宣传，营造良好的创业氛围，激发学生的创业潜力。

可持续发展模式实际应用的效果也需要进行评价和监测。高校可以开展定期的学生创业项目评比和成果展示活动，来衡量实际应用和效果。同时，高校要与企业和社会紧密合作，关注学生创业成果的转化和商业化过程，实现产学研的有效衔接。此外，可以使用调查系统，对毕业生进行评估，了解他们在相关领域的发展情况，从而进行持续改进和优化。

总之，高校要不断完善创新创业教育体系，促进学生的全面发展和创新创业能力的培养。这将为高校的创新创业教育水平提升提供有力的支持。

三、协同机制的可持续发展策略

（一）内部协同策略

在促进高校创新创业教育协同机制的可持续发展过程中，内部协同策略起着非常重要的作用。内部协同策略主要指高校内部相关部门、学院、团队之间的合作与协调。通过内部协同，能确保高校的创新创业教育有序推进。

内部协同可以通过建立跨学科的合作机制来促进创新创业教育的可持续发展。高校应该积极鼓励不同学科领域专家的合作与交流，搭建跨学科研究平台，推动学科之间的融合。举例来说，工程学院的学生可以与经济学院的学生合作，共同研发具有创新性的技术产品，并结合市场需求进行商业推广。这不仅促进学科之间的协同发展，也培养了学生的跨学科研究能力。

内部协同还可以通过建立开放共享的资源平台来促进创新创业教育的可持续发展。高校可以建立创业实验室、科研中心等，并向全校师生开放。这样，不同学院、团队可以共享和利用这些资源，加强创业实践活动和科研成果的交流与互动。此外，高校可以积极引进、培养高水平的创业师资团队，通过师资力量的共享，提升创新创业教育的水平。

内部协同也需要建立有效的信息共享机制。信息共享是促进内部协同的重要方式，它可以实现不同部门、学院和团队之间的信息沟通和共享。高校可以建立创新创业教育的信息平台，将相关政策、资源、项目等信息进行整合发布，方便师生了解和参与相关活动。同时，高校也要加强对内部协同成果的宣传和分享，通过学术交流会议、学术论坛等，让更多的人了解内部协同的成果和经验。

因此，高校创新创业教育协同机制的可持续发展需要依靠内部协同策略的研究与实施。跨学科合作、资源共享和信息共享是内部协同的重要方式，通过这些途径，能够促进创新创业教育的可持续发展。

（二）外部协同策略

外部协同主要指的是与企业、相关部门、社会组织等的合作与协调。通过与外部合作伙伴的合作，高校能够更好地获取资源和支持，提供高水平的创新创业教育。

1. 与企业的合作

高校可以与企业合作开展课程设计、实践项目、科技成果转化等方面的工作。通过与企业合作，高校能够更好地了解企业对人才的需求，将创新创业教育与社会实践相结合，培养符合社会需求的人才。同时，与企业的合作还可以促进高校教师的实践能力提升，增强教师与实际工作的联系，提高教师的创新创业教育水平。

2. 与相关部门的合作

相关部门在高校创新创业教育中扮演着重要角色，可以提供政策支持、资源投入等方面的帮助。高校可以与相关部门合作开展创新创业教育项目，共同推动创新创业教育的发展。相关部门的支持可以为高校提供更多的资金、场地、人才等资源，帮助高校建设创新创业教育平台，营造创新创业环境。

3. 与社会组织的合作

高校与社会组织进行合作，可以共同推动创新创业教育协同机制的可持续发展。社会组织可以为高校提供社会资源、合作机会等，帮助高校与社会更好地对接。高校也可以与行业协会、非营利组织等开展合作，共同开展创新创业教育项目，促进创新创业教育的持续发展。

总之，外部协同策略在高校创新创业教育协同机制的可持续发展中同样具有重要作用。与企业、相关部门、社会组织等的合作，能够为高校创新创业教育提供更多的资源和支持，促进创新创业教育的发展。高校应积极开展外部协同策略的研究，并结合实际情况制定切实可行的合作方案，促进高校创新创业教育协同机制的可持续发展。

（三）整体协同策略

整体协同策略是指高校创新创业教育协同机制在内部和外部协同的基础上，进一步加强各方的联动与合作，以实现协同效应的最大化。

高校之间的合作是实现整体协同策略的重要方式。高校可以通过建立联盟或联合实验室等，促进知识和资源的共享。高校合作能够带来更多的创业机会以及互相借鉴与学习的机会，提升整体协同效应。在合作中，高校可以利用各自的优势资源，进行科研合作、项目合作等，共同培养创新人才，推动创新创业教育的发展。

高校还可以与企业进行深度合作，实施产学研结合的整体协同策略。通过与企业合作，高校可以了解企业的需求，积极调整和优化教育内容，提升学生的就业竞争力。

与企业合作也可以为学生提供实践锻炼的机会，帮助他们史好地将理论知识与实践相结合，培养具备创新创业能力的高素质人才。

（四）策略实施和效果评估

在高校创新创业教育协同机制的可持续发展过程中，策略的实施和效果评估是非常重要的环节。

1. 完善的实施计划

高校要根据机制的特点和目标，明确实施策略的步骤和时间节点。同时，制定详细的实施指南，明确责任和任务分工，确保各项工作能够有序进行。此外，要注重与各相关部门合作，加强内部的协同与沟通，确保策略的有效实施。

2. 合理的资源配置

创新创业教育协同机制的实施过程中涉及多个方面的资源，如师资、课程、实践基地等。高校应该合理安排和分配资源，确保各个环节的资源支持与协同。此外，还要注重资源的整合与优化，充分发挥资源的潜力和效能。

3. 注重监测与调整

在实施过程中，及时收集和分析相关数据，评估策略的实施和效果。通过定期的评估和反馈，及时发现问题和改进策略，确保策略的持续有效性。同时，高校要加强与其他高校和相关研究机构的交流合作，借鉴他们的经验和方法，不断优化和改进策略。

4. 综合评估效果

通过对协同机制的运行效果，学生创新创业能力的提升，创新创业项目的推进等方面进行综合评估，全面了解策略的实施效果，并及时调整和优化。评估结果要客观、科学，并能为后续的决策提供参考依据。

总之，策略的实施和效果评估是高校创新创业教育协同机制可持续发展的重要保障。通过完善的实施计划，合理配置资源，注重监测与调整，以及综合评估策略效果等，高校能全面推进创新创业教育，不断提升协同机制的可持续发展能力。

四、可持续发展评价

（一）评价指标体系的构建

为了准确评价高校创新创业教育协同机制的可持续发展，我们需要构建完善的评价指标体系。评价指标体系能综合考量高校创新创业教育协同机制在各方面的表现，并能提供有助于决策的参考。

评价指标体系包括高校创新创业教育协同机制的目标是否清晰明确。这包括机制的整体目标、参与方的目标以及各个阶段的目标，从而确保机制的发展能够有明确的方向。

评价指标体系要考虑高校创新创业教育协同机制的组织与管理。这包括机制的领导机构设置是否合理，相关政策法规是否完善以及参与方之间的协作与沟通是否良好。合理的组织与管理对于机制的可持续发展十分重要。

评价指标体系还要考量高校创新创业教育协同机制的资源支持。这包括融入创新创业教育的教职员工是否充足并具备相应能力，教育设施、实验室和图书馆等资源是否满足需求。资源支持的充足与否会直接影响机制的实施效果。

评价指标体系还要关注高校创新创业教育协同机制的成果与影响。这包括机制推动了多少高校创业项目的成功孵化，推动了多少科技成果的转化，以及对于经济发展和社会创新能力提升产生了何种影响等。

评价指标体系也要考虑机制的持续改进与创新、激励机制的设置以及社会责任等。综合考虑这些方面的指标，可以全面评价高校创新创业教育协同机制的可持续发展情况，并指导机制的优化调整。

在评价指标体系的构建过程中，我们要注重指标的科学性和可操作性。科学性要求指标能反映高校创新创业教育协同机制的真实情况，并且具备较强的预测性。可操作性要求指标能被准确测量和收集，以便于开展评价工作。

总之，评价指标体系的构建是评价高校创新创业教育协同机制可持续发展的基础。通过建立科学、全面、可操作的指标体系，能准确评价机制的发展情况，并为机制的进一步优化提供有力支持。因此，在构建评价指标体系时，必须考虑机制的目标、组织管理、资源支持、成果与影响等，从而全面评价高校创新创业教育协同机制的可持续发展情况。

（二）评价方法的选择与应用

在高校创新创业教育协同机制可持续发展的评价方面，选择合适的评价方法是非常重要的。

为了构建科学的评价体系，我们需要综合应用定性和定量评价方法。定性评价方法可以通过问卷调查、访谈等方式，获得参与者对高校创新创业教育协同机制可持续发展的意见和感受。定量评价方法可以利用统计数据和指标，量化高校创新创业教育协同机制的可持续发展水平。通过综合运用这两种评价方法，可以获得全面、客观的评价结果。

我们还可以根据研究目的和评价对象的不同，选择适合的评价方法。例如，在评价高校创新创业教育协同机制的教学水平方面，可以采用学生毕业论文、实践项目成果等进行评价。在评价协同机制的社会影响力时，可以通过专利申请数量、技术转让等指标来评价。因此，在选择评价方法时，要充分考虑所要评价的具体内容和指标体系。

为了保证评价的科学性和有效性，我们也可以参考国内外相关研究成果和评价经验。借鉴先进的评价模型和方法，可以提高评价的准确性和客观性。同时，也可以结合高校创新创业教育协同机制的实际情况进行调整，从而符合具体的评价需求。

评价方法的应用过程中要注重数据的采集和分析。采集数据时，要确保数据的来源准确可靠，避免主观偏差。在数据分析环节，可以运用统计学方法和数据可视化技术完成数据的整理。通过科学分析评价结果，我们可以掌握高校创新创业教育协同机制的优化方向，为可持续发展提供决策支持。

因此，在评价方法的选择与应用方面，我们应该综合考虑定性和定量评价方法，根据具体目的和评价对象选择合适的方法，借鉴相关研究成果，注重数据的采集和分析。通过科学评价，可以促进高校创新创业教育协同机制的可持续发展，为提升高校创新创业教育水平提供有效的参考依据。

（三）评价结果的分析

通过对相关数据的整理和统计可以看出，在高校创新创业教育协同机制的可持续发展过程中，教师团队的专业素质和教学水平以及学生的创新能力和创业意识是关键因素。教师团队的专业素质和教学水平越高，对于学生的创新创业培养越有效。同时，学生的创新能力和创业意识的提升也对高校创新创业教育协同机制的可持续发展起到良好的促进作用。

高校之间的合作与交流对于协同机制的可持续发展具有重要意义。高校之间建立良好的合作关系，共享资源和经验，更容易形成协同效应，推动创新创业教育的发展。缺乏合作与交流的高校通常在可持续发展方面面临较大的障碍。

相关政策支持与社会认可对于高校创新创业教育协同机制的可持续发展具有重要促进作用。依据评价结果可以看出，相关政策的支持和社会的认可对于高校创新创业教育的发展具有积极影响。政策的支持能够提供扶持和资源保障，鼓励高校在创新创业教育方面做出积极探索。社会的认可则能增加高校的声誉和吸引更多的优秀人才参与创新创业教育。

在评价结果中我们也能发现一些问题。例如，部分高校在创新创业教育方面仍存在着资源不足、师资力量不够等问题，这对于协同机制的可持续发展构成了障碍。此外，一些高校在创新创业教育中注重理论知识的传授，缺乏实践环节，从而导致学生的创新能力得不到有效培养。

综上所述，在高校创新创业教育协同机制的可持续发展过程中，教师团队的素质、学生的能力、高校之间的合作交流以及政策支持与社会认可等都起到重要的促进作用。我们需要根据评价结果中的问题，进一步完善协同机制，并制定相应的改进策略，推动高校创新创业教育的可持续发展。

第三章 高校创新创业教育协同机制的构建

第一节 基础知识

一、高校创新创业教育协同机制的概念

（一）创新创业教育协同机制的定义

创新创业教育协同机制是指高校在教育领域中，为了提高教育质量、培养创新创业能力，与社会各界共同组建的一种合作机制。它包括高校内部各相关部门和学院之间的协作，也涉及与企业、社会组织、科研机构等外部合作伙伴的协同合作。该机制旨在通过多方资源的整合与共享，实现教育资源的高效配置，培养学生的创新意识和创业能力。

高校作为教育机构，其内部相关部门和学院之间需要协同合作，共同制定创新创业教育的目标、课程设置计划、教学方法等。同时，高校还需要与企业、科研机构等进行合作，共同开展创新创业教育项目、实训基地建设等。这种多方合作的机制能够充分利用各方的优势资源，为学生提供更全面的和实践性更强的创新创业教育。

高校内部各部门和外部合作伙伴之间的协同合作能够实现信息、人才、资金等各种资源的配置与共享。通过资源共享，高校可以更好地利用现有的教育资源，避免资源的浪费和重复建设。同时，学生也能从多方资源的整合中受益，获得更丰富的学习和实践经验。

创新创业教育的核心在于培养学生的创新创业能力，提高其创新意识和素质。创新创业教育协同机制强调高校与多方合作伙伴的合作，这样的合作可以为学生提供更多的实践机会和资源支持，帮助他们在创新创业过程中获得更好的发展。

综上所述，通过构建创新创业教育协同机制，高校能更好地开展创新创业教育，培养学生的创业能力，为社会的创新发展做出积极贡献。

（二）创新创业教育协同机制的运行

创新创业教育协同机制的运行离不开丰富的资源支持。这些资源涵盖了资金、人才、技术、设施等多个方面，以满足高校创新创业教育的需求。在资金方面，可以通过设立专项基金、引入外部投资等方式，为创新创业项目提供资金支持。在人才方面，可以建立导师制度，邀请相关领域的专家学者或企业家担任指导教师，让学生得到专业的指导。

创新创业教育协同机制的运行还需要相关的制度支持。这些制度包括课程设置、评估考核、实践实训、创业竞赛等相关制度，从而保障创新创业教育的顺利开展。例

如，在课程设置方面，可以开设与创新创业相关的专业课程，并将其纳入学分体系，鼓励学生积极参与创新创业教育。在评估考核方面，可以引入多元评价方式，包括项目报告、展示答辩等，综合评估学生的创新能力。

创新创业教育协同机制的运行也需要相应的机构支持。这些机构可以是高校内部的创业中心、孵化器等，也可以是与高校合作的创投机构、企业等。这些机构为学生提供了创新创业教育的实践平台，使学生能在真实的创业环境中学习和实践。例如，创业中心可以提供创业项目的培育孵化服务，包括项目申报、模式设计、市场调研等。企业可以提供实习、创业实践机会，使学生通过与企业合作的方式，深入了解创业过程。

因此，创新创业教育协同机制涵盖了资源、制度和机构等多个方面。充分调动各方面的力量和资源，可以实现高校创新创业教育的协同发展。这为学生提供了更好的创新创业教育环境和机会，培养他们的创业能力和创新意识，促进创新创业教育的深入开展。同时，创新创业教育协同机制的运行也需要做好协同管理和协同服务，确保机制的有效运行和持续发展。

（三）创新创业教育协同机制的类型

在高校创新创业教育协同机制中，不同类型的机制扮演着不同的角色，同时共同促进学生的创新创业能力培养。

1. 校内课程合作

这种机制通过各学科之间的协同，打破学科之间的边界，开设跨学科的创新创业教育课程。例如，计算机科学与管理专业可以合作开设一门创业项目开发课程，培养学生的创新意识和实践能力。这种机制也可以为学生提供全面的创新创业知识和技能，促进跨学科的合作。

2. 创业实践基地

创业实践基地可以是学校内部的创业中心或孵化器，也可以是与学校合作的外部实践基地。学校通过与企业、科研机构、创业团队等的合作，可以让学生在实践基地中进行创新创业项目的孵化。这种机制提供了真实的创业环境和资源，有助于学生将理论知识应用于实践，并获得实践经验和提升创业能力。

3. 创业导师制度

学生可以根据自己的兴趣和需求选择合适的创业导师，对创业过程进行指导。创业导师可以是学校教师、创业者或行业专家，他们可以提供丰富的实践经验、相关方法和业务资源。通过与创业导师的互动，学生可以更好地理解创业过程，培养创业思维和创新能力。

4. 创新创业竞赛

学校可以组织各类创新创业竞赛，如创新项目展示会、创业计划大赛等，供学生展示创新成果和交流经验。通过参与这些赛事，学生可以锻炼团队协作、创新思考和项目管理的能力，同时还能获得来自行业专家和投资人的反馈和支持。

总的来说，高校创新创业教育协同机制的类型多种多样，涵盖了课程合作、实践基地、创业导师以及创业竞赛等多个方面。这些不同类型的机制相互协同，共同构建起全面支持学生创新创业能力培养的体系。通过灵活运用这些机制，高校可以更好地培养学生的创新意识、能力和精神，为他们的未来创业奠定基础。

二、高校创新创业教育协同机制的特点

（一）互动性

互动性是高校创新创业教育协同机制的一个重要特点，它体现了协同机制的灵活性。高校创新创业教育协同机制通过各个参与主体之间的互动，促进信息共享、资源整合和协同行动，实现创新创业教育的目标。

高校创新创业教育协同机制强调教育主体之间的互动。也就是学校、企业、社会组织等各个参与主体之间保持稳定而密切的合作与交流。例如，学校可以与企业合作开展创新创业教育项目，共同培养学生的创新创业能力。通过互动，学生可以获得实践机会，企业可以获得较新的创新思维，从而实现双方的共同进步。

高校创新创业教育协同机制注重师生之间的互动。在这个机制中，教师和学生之间的互动是非常重要的。教师是学生创新创业能力的培养者和引导者，通过与学生进行积极互动，激发学生的创新潜能。而学生也可以通过与教师的互动，获取更多的知识和经验，提升自己的综合素养。

高校创新创业教育协同机制也强调学科间的互动。例如，工科学生可以与商科学生合作，探索创新创业的新模式；社科学生可以与理科学生合作，共同研究创新创业的社会影响力。通过学科间的互动，学生可以获得多元的创新思维和技能，更好地适应创新创业的多样化需求。

值得注意的是，高校创新创业教育协同机制中的互动还包括各个参与主体之间的资源共享、信息交流和协同行动等多个维度。这种互动性特点的存在，使高校创新创业教育协同机制能够更好地适应教育的快速发展，更好地培养学生的创新创业能力。

通过以上对互动性特点的阐述，我们可以看出，这一特点的存在是高校创新创业教育的重要优势。在今后的发展中，我们应该充分挖掘各个参与主体之间的互动潜力，为高校创新创业教育的持续优化提供有力支撑。

（二）互补性

互补性也是高校创新创业教育协同机制的一个重要特点。在高校开展创新创业教

育的过程中，不同主体之间具有各自的优势，通过协同机制的建立，**这些**不同主体可以相互补充，共同发挥各自优势，形成互补关系。

1. 知识资源互补

高校作为重要的知识传播机构，拥有丰富的学科课程和科研资源。企业则关注市场需求和技术创新，拥有实践经验和行业数据。通过协同机制，高校**可以**向企业提供学科知识和理论支持，而企业可以为高校提供实践场景和创业案例。**这种**知识资源的互补，可以丰富高校创新创业教育的内容，提高学生的实践能力和创新意识。

2. 人才培养互补

高校创新创业教育的目标是培养具备创新意识和创业能力的高素质人才。在这个过程中，高校和企业有不同的培养环境和方法。通过协同合作，高校**可以**邀请专业人士参与教学，提供实践指导，使学生能从实践中学习并培养实际操作**能力**。企业也可以通过与高校合作，了解学生的学习情况和潜能，为他们提供实习机会和就业机会，进一步培养和发掘创业人才。

3. 资源配置互补

协同机制可以通过资源共享和优势互补，实现资源的合理配置和**利用**。高校作为教育和研究的机构，拥有丰富的知识和研究设施，但在创业实践方面可能存在一定的不足。企业则具有丰富的实践场景和实际资源，但在人才培养和理论指导方面可能受限。通过协同机制，高校和企业可以进行资源共享，互相借鉴和补充，使创新创业教育得以全面发展，为学生提供更多的实践机会。

总之，互补是促进高校创新创业教育良好发展的关键。通过知识资源互补、人才培养互补和资源配置互补，不同主体之间可以形成紧密的合作关系，推动高校创新创业教育体系的优化。互补性特点的发挥，对于提高学生的创新能力、**创业素质**和实践能力具有重要意义，也对高校创新创业教育的长远发展具有积极影响。

（三）创新性

创新性是高校创新创业教育协同机制的重要属性，它能有效促进**创新创业教育**的开展。

高校创新创业教育协同机制在内容与形式上具有创新性。在内容方面，这一机制不仅注重研究与实践相结合，加强学科融合，还关注培养学生的创新思维和创新能力。它不仅强调学术研究的创新性，也注重培养学生的创业意识。在形式方面，高校创新创业教育协同机制运用了多种多样的方式和工具，有效培养学生的创新创业能力，并提升其实践操作能力。

高校创新创业教育协同机制在体制和机制上具有创新性。在体制上，这一机制强调多元合作与跨界融合。它鼓励不同学科领域的交叉，打破学院与学院、学校与企业之间的界限，实现资源共享和优势互补。在机制上，高校创新创业教育协同机制建立了灵活的组织结构和管理模式。它注重弹性化管理，灵活调配资源，提供更多的支持以及创新空间，适应不同学校和不同学科的特殊需求，在保障质量的前提下，促进高校创新创业教育的快速发展。

综上所述，高校创新创业教育协同机制具有创新性特点，其表现在内容与形式上的创新以及体制和机制上的创新。这些特点为高校创新创业教育的发展提供了新的思路和方法，同时也为学生的综合素质培养和就业能力提升提供了参考。

三、高校创新创业教育协同机制的主体结构

（一）主体结构的定义

在高校创新创业教育协同机制中，主体结构被定义为该机制中各组成部分之间相互联系、相互作用的组织形式。主体结构的合理设计和良好配合是确保高校创新创业教育协同机制有效运行的关键。

主体结构需要考虑到各个参与方的职责，确保各部门和机构之间的协作与配合。在这个层面，主体结构不仅包括高校内部的教学、科研和管理部门，还包括与高校密切相关的企业、相关机构和社会组织等外部参与者。

主体结构的设计应当具备灵活性和可持续性。灵活性意味着主体结构能够适应不同高校的特点和需求，同时能灵活调整和改进，适应日益变化的创新创业环境。可持续性则要求主体结构的设计应考虑长期的发展和稳定运行，避免过于依赖个别人员或某种资源。

主体结构的重要性体现在其能有效整合和协调各方资源，确保创新创业教育协同机制的各项任务得以落实。主体结构需要明确各个部分的职责和权责，促进信息共享、合作交流和资源整合。通过构建合理、协调和有序的主体结构，高校创新创业教育协同机制能够真正发挥其协同效应，推动创新创业教育的全面发展。

总之，通过合理设计和科学管理主体结构，各方参与者可以更好地协同合作，实现创新创业教育的共同目标。

（二）主体结构的组成

高校创新创业教育协同机制的主体结构是保证该机制顺利运行的基础。

主体结构的核心是高校创新创业教育协同机制的管理体系。这一管理体系由高校创新创业教育相关部门、学院、研究中心以及相关领导和教师组成。他们共同构成了完整的管理体系，并负责制定政策、规划发展方向，统筹协调各项工作，确保高校创新创业教育协同机制的顺利运行。

在主体结构中，创新创业教育协同机制非常注重学生的需求。在这个层面上，学

生是主体结构的重要组成部分。作为高校创新创业教育的学习者，他们的发展和参与是机制能否达到预期效果的关键。因此，在主体结构中，必须为学生提供必要的鼓励，引导他们接受创新创业教育，充分发挥自身的潜力。

主体结构还包括与高校创新创业教育相关的社会资源。社会资源是高校创新创业教育较难触及到的资源，但却是非常重要的。这些资源包括企业、机构、社会组织等。这些社会资源能够提供实践机会、项目合作、导师指导等方面的支持，为高校创新创业教育协同机制提供多方面的外部支持。

主体结构也包括与高校创新创业教育相关的合作伙伴。合作伙伴是指与高校建立合作关系的其他学校、研究机构等。通过建立合作伙伴关系，可以实现资源共享、信息互通、项目开发等方面的合作，进一步提升高校创新创业教育协同机制的运行效果。

在主体结构的组成方面，以上内容相互关联、相互依存，共同构成完整的高校创新创业教育协同机制的主体结构。这个结构为高校创新创业教育提供支持和保障，为学生提供更好的发展机会，为社会资源的利用提供了桥梁，为创新创业教育的合作与交流提供了平台。充分发挥主体结构的作用，能更好实现高校创新创业教育协同机制的目标。

（三）主体结构的角色

主体结构的角色分工明确，各司其职，共同推动高校创新创业教育的协同发展。

高校创新创业教育机构是主体结构的重要组成部分，其角色是促进全校范围内创新创业教育的开展。这些机构在高校内部担负着策划、组织、推进创新创业教育的责任，负责制定创新创业教育的发展目标，设计相关的培养方案，提供必要的资源和支持等。同时，他们还参与高校的管理，为整个教育体系的创新创业教育提供指导。

创新创业导师团队是主体结构中不可或缺的一部分。导师是对学生进行创新创业教育指导和培养的重要力量。他们拥有丰富的实践经验和专业知识，能够为学生提供具体、实用的指导。导师团队的角色作用包括为学生提供创新创业的知识指导，启发学生的创新思维，鼓励学生参与实践活动，帮助学生建立创业网络等。导师团队的协作是主体结构中必不可少的环节，其良好促进了高校创新创业教育的全面发展。

高校创新创业团队也扮演着主体结构中的重要角色。这些团队由学生自发组成，致力于创业项目的孵化和推进。他们具备一定的创业经验，并且擅长团队合作。创新创业团队的主要角色作用包括项目策划与管理、资源整合与协调、市场推广与销售等。他们通过各种途径，积极开展创业实践活动，完善创业项目，为学校和社会做出积极贡献。

总的来说，高校创新创业教育协同机制的主体结构还包括教育机构、导师团队和创业团队。它们各司其职，在各自的领域内发挥着重要作用，共同推动高校创新创业教育的协同发展。只有主体结构的角色明确，发挥协同效应，才能够更好地促进高校创新创业教育的发展，培养出更多的优秀人才。

（四）主体结构的运行模式

主体结构的运行就是负责协调各个主体之间的合作关系，推动创新创业教育的有效进行。在高校创新创业教育协同机制中，主体结构的运行模式通常包括以下四个方面。

主体结构的运行模式应体现信息共享和沟通的特点。在协同机制中，各个主体之间需要及时传递和共享信息，以便更好地合作。这可以通过建立信息平台、定期召开会议、组织交流活动等方式来实现。例如，可以建立一个专门的创新创业教育协同平台，供各个主体发布信息、交流经验、分享资源，从而促进合作。

主体结构的运行模式应注重协同合作的机制建设。在高校创新创业教育协同机制中，各个主体需要相互依赖、相互支持，共同推动创新创业教育的发展。这可以通过建立协同合作的制度规范、明确各方责任和权利、建立激励机制等方式来实现。例如，可以设立创新创业项目评审委员会，由各个主体的代表组成，共同评审创新创业项目，确保公正、公平。

主体结构的运行模式应具备灵活性和适应性。随着时代的发展和需求的不断变化，高校创新创业教育的要求也在不断更新。因此，主体结构的运行模式应具备灵活调整的能力，以适应不同阶段和不同需求下的创新创业教育。这可以通过建立灵活的合作机制、开展定期评估、不断创新等方式来实现。例如，可以定期组织各个主体的代表进行经验交流，分享创新创业教育的最新动态，促进机制的不断完善。

主体结构的运行模式应注重结果导向和效能提升。高校创新创业教育协同机制的目标是促进学生的创新创业能力培养，并取得良好的效果。因此，主体结构的运行模式应关注结果的评估和效果的优化。这可以通过建立有效的监测和评估机制，追踪学生的创新创业发展情况，定期总结和反馈等方式来实现。例如，可以建立创新创业成果展示平台，展示学生的项目成果，激励更多学生参与创新创业。

综上所述，主体结构的良好运行将有效促进高校创新创业教育的协同化发展，并达到更好的效果。因此，在构建高校创新创业教育协同机制时，应注重主体结构运行模式的科学设计。

第二节　构建原则

一、整体性原则

（一）整体性原则的理论基础

整体性原则是构建高校创新创业教育协同机制的重要原则。它强调将各个方面、环节、要素有机地结合起来，形成一个协调统一的整体。整体性原则的理论基础主要有系统理论、协同理论和组织理论等。

1. 系统理论

系统理论认为一个系统是由相互关联的元素组成，这些元素通过相互作用和相互影响产生整体的行为和特征。在高校开展创新创业教育的过程中，各个教育机构、相关部门、师生群体和社会资源等都需相互配合、相互联系，形成一个统一的系统，以实现创新创业教育的目标。

2. 协同理论

协同理论认为，合作、协作和协同是实现组织目标的重要方式。在高校创新创业教育中，各个参与方需要相互协作，形成协同合力，共同推动创新创业教育的发展。通过将不同的参与方有机地结合起来，形成一个协同的整体，能有效提高创新创业教育的质量和效果。

3. 组织理论

组织理论主要研究组织内部各个部门、团队及其与外部环境之间的关系。在高校创新创业教育中，教育机构、相关部门及师生之间的关系和协作起着非常重要的作用。通过建立科学的组织结构和沟通机制，可以有效应用整体性原则，将各个参与方有机整合起来，从而推动创新创业教育的协同发展。

因此，通过系统理论、协同理论和组织理论等的启发，我们可以更好地理解和应用整体性原则。只有将各个方面、环节、要素有机结合起来，形成一个协调统一的整体，才能推动高校创新创业教育协同机制的良好发展。

（二）整体性原则的应用

整体性原则强调将创新创业教育与学校的整体发展紧密结合起来。高校需要将创新创业教育纳入学校整体教育体系，确保创新创业教育成为学校中不可或缺的一部分。例如，在课程设置方面，学校可以开设创新创业相关课程，并与其他学科合作，将创新创业的理念渗透到多个专业中。

高校在创新创业教育中要注重学生的整体素质培养。不仅要培养学生的创新思维和创业能力，还要关注他们的社会责任感、团队协作能力等综合素质的培养。这可以通过组织学生参与创新创业项目、开展社会实践等方式实现。通过这些方式，学生可以全面提升自己的整体素质，并为未来的创业实践打下坚实的基础。

整体性原则还要求高校建立完善的创新创业教育协同机制。这意味着高校需要与相关部门、企业和社会组织进行充分的合作与对接，形成一个良好的协同机制。例如，可以与相关部门合作，利用它们的政策支持和资源优势，营造更好的创新创业教育环境；可以与企业合作，实施校企合作项目，让学生更好地了解市场需求和社会需要。

在整体性原则的应用过程中，也会面临一些问题。首先是教师队伍建设的问题。高校需要培养一支专业素养高、创新意识强的教师队伍，从而有效指导学生进行创新创业实践。其次，整体性原则的应用还需要高校管理层的支持和重视，要注重创新创业教育与学校整体发展的协调。高校可以定期举办教师培训、优化学科设置等提升教师队伍的素质；同时，高校管理层要提供必要的政策支持和资源保障，营造一个良好的创新创业教育环境。

总之，只有将创新创业教育与学校整体发展相结合，注重学生整体素养培养，建立完善的协同机制，才能良好实现高校创新创业教育的目标。高校应当认识到这一点，并采取相应措施来推动整体性原则在创新创业教育中的应用。

（三）面临的挑战与对策

整体性原则在高校创新创业教育中的应用不可避免地面临着一些挑战。很多高校内部的部门或学院之间的协同与沟通仍存在着不足。创新创业教育涉及多个学科和专业的融合，需要不同学院之间紧密合作。然而，在现实中，各学院之间的独立运作还是较为常见，缺乏有效的协同机制。这导致了信息交流不畅、资源分配不均以及行动协调不一致等问题，影响了创新创业教育的整体效果。

整体性原则在高校创新创业教育中面临着外部环境的挑战。创新创业涉及市场需求、政策支持、企业合作等多方面因素，需要与社会各界建立紧密的联系。然而，由于各方理念不同、合作渠道不畅等原因，高校在与外部环境的协同中面临着一定的困难。在创新创业教育中，如何与企业、机构、社会组织等建立有效的协同机制，是值得探讨的问题。

面对挑战，高校创新创业教育需要采取一些对策来强化整体性原则的应用。首先，高校内部需要加强部门间的沟通与协作，建立定期的会议机制、信息共享平台等，促进各学院之间的交流与合作，协同推进创新创业教育的开展。其次，高校可以与企业、社会组织等建立稳定的合作关系，共同构建创新创业教育体系。通过与外界建立双向的信息交流渠道，及时了解市场动态与需求，为创新创业教育提供更好的支持和保障。

要加强整体性原则在高校创新创业教育中的应用，还需注重培养教师队伍的综合能力。创新创业教育需要教师具备跨学科的知识背景、创新思维与实践能力，能够承担起指导学生完成创业项目的重任。因此，高校应通过培训、引进等方式，提升教师的综合素质，促进其在创新创业教育中发挥更大作用。

综上所述，只有以整体性为导向，加强内外部的协同合作与沟通，才能良好促进高校创新创业教育的顺利开展，并取得更好的效果。

二、平衡性原则

（一）平衡性原则的概念与要求

平衡性原则是指在高校创新创业教育协同机制构建中，要追求各个方面的平衡或和谐。这一原则的提出源于对高校创新创业教育的综合考量和深入分析。

平衡性原则要求在高校创新创业教育中要平衡相关方的利益。高校、学生、企业等不同主体之间存在着各自的诉求，协同机制的构建需要平衡各方的利益，以实现整体利益的最大化。例如，高校需要平衡教育质量和学生就业率的关系，既要培养具备创新精神和创业能力的人才，又要满足用人单位对优秀毕业生的需求。

平衡性原则还要求平衡协同机制中的各个环节。高校创新创业教育的协同机制包括课程设置、实践活动、导师指导等多个环节，这些环节之间应该相互关联、相互促进，形成一个有机的整体。例如，课程设置应该与实践活动相结合，理论知识与实践技能并重，从而使学生能将所学知识应用于实际创业项目中。

平衡性原则还强调整体与局部之间的平衡。高校创新创业教育的协同机制要统筹整体发展与局部需求，既要关注全校范围内的创新创业教育，又要考虑各个学院、专业的特殊需求。例如，不同学院的创新创业教育内容和方式可以有所区别，但整体目标和核心价值不能偏离。

平衡性原则还要求在高校创新创业教育中平衡过程与结果。创新创业教育不仅关注学生的创新创业成果，还要培养学生的创新创业能力和素质。因此，协同机制的构建应注重培养学生的创新思维、团队合作能力、风险意识等，而非仅仅追求项目的获奖或商业价值。

总之，平衡性原则是一个综合性的原则，要求在各个方面、各个环节、各个层面都追求和谐。只有在协同机制中真正实现平衡，才能全面促进高校创新创业教育的健康发展。在实际操作中，还需要不断总结经验，研究解决问题的对策。

（二）平衡性原则的应用

在实际应用中，高校创新创业教育需要兼顾学生的基础学习和创新能力培养两个方面。

在基础学习方面，高校要保证学生获得扎实的学科基础知识，提供丰富的学习机会。学生需要在课堂中接受专业知识的传授，拥有系统的学科素养。此外，高校还应该为学生提供开展科研、学术活动的平台，鼓励学生参与学术交流、发表论文等。这样可以保证学生不仅在创新创业领域具备一定的实践能力，还有坚实的知识基础作为支撑。

在创新能力培养方面，高校需要提供丰富的实践机会和科学的培养计划。学生可以通过参与项目、实习实训等，进行动手实践，培养解决问题的能力和团队协作能力。

高校还可以建立创业竞赛、创业孵化器等平台，引导学生深入参与创新创业活动，并提供专业的指导与资源支持。通过培养，学生能够在实践中不断完善自己的创新创业能力。

平衡性原则在高校创新创业教育中同样面临一些问题。首先，考核体系需要更加灵活，能够充分评估学生的学习成果和创新创业成果。目前，很多高校仍然存在过分注重学习成绩而忽视创新能力的现象，这导致学生在创业环节缺乏足够的支持。其次，教师的角色转变也存在一些问题。高校教师需要具备丰富的创业经验和能力，才能更好地引导学生在实践中成长。

针对这些问题，高校可以采取一系列对策。首先是改革评估体系，建立综合考核模式，综合评估学生在知识学习和创新创业方面的综合能力。其次，高校可以加强对教师的培训，提升他们在创新创业领域的能力，使其成为学生的榜样。

总之，平衡性原则在高校创新创业教育中的应用是一个全面的过程，旨在保证学生在知识学习和创新创业能力培养两个方面的平衡发展。

（三）面临的挑战与对策

一是资源配置不均衡。由于不同学院、专业的构成和优势领域存在差异，而教育资源的分配往往不够均衡。因此，应该采取一种包容性的资源分配原则，既重视优势学科和专业的发展，又确保其他学科和专业有机会获得必要的支持。同时，可以建立跨学科或跨专业的教育团队、建设创新创业教育资源共享平台等，促进资源的均衡分配。

二是师资队伍建设不平衡。高质量的创新创业教育需要具备丰富经验和专业知识的师资队伍，然而现实中存在着师资队伍结构不合理、师资培训机制不健全等问题。解决这一挑战的对策是，建立健全师资培训体系，定期组织师资培训课程，提升教师的专业能力和创新意识。此外，可以引进行业专家、企业导师等，为学生开拓视野与提供实践经验。

三是就业观念不平衡。在传统观念的影响下，部分学生与家长对创新创业教育持有怀疑态度，更偏向于就业稳定与薪资待遇等。为了克服这一挑战，需要加强对学生和家长的宣传教育，提高他们对创新创业的认识。此外，学校应该与企业密切合作，积极开展实践项目、建设创业基地等，为学生提供展示创新创业成果的机会。

四是评价体系不平衡。很多的教育评价体系过于注重学习成绩，对于创新能力、实践能力等创新创业教育中的重要因素的评价不足。为了解决这一问题，应该建立多维度、多元化的评价体系，充分考量学生在创新创业方面的综合能力与潜力。这样可以促进学生的创新思维和实践能力的培养，进一步推动高校创新创业教育的发展。

综上所述，只有克服各种挑战，采取相应的对策，才能实现高校创新创业教育的全面发展，为培养创新型人才和促进社会发展做出积极贡献。

三、动态性原则

（一）动态性原则的概念与理论基础

动态性原则在高校创新创业教育协同机制中具有重要意义。动态性原则强调创新创业教育的灵活性和适应性，要求机制在不断变化的教育环境中能够及时调整和改进。

动态性原则是指高校创新创业教育协同机制需要具备适应变化的能力。随着社会经济的发展和科技进步，创新创业的需求和形式都在不断变化。因此，高校创新创业教育协同机制应根据市场需求、产业发展和学生特点等，及时调整教学内容和方式，确保教育水平的持续提升。例如，可以动态调整课程设置、教学方法和实践环节，使教育资源更加适应创新创业实践的需求。

动态性原则的理论基础主要包括教育理论、组织学习理论和创新理论等。教育理论认为，教育应与时俱进，不断适应社会发展的需要。在高校创新创业教育中，动态性原则要求学校和教师积极与外界交流合作，借鉴和吸收先进的教育理念和方法，实现教育的跨界融合。组织学习理论则强调学习与创新之间的互动关系。动态性原则要求高校创新创业教育不断从实践中吸取经验，及时调整教育方式，促使学生全面发展和实现个人价值。创新理论认为，创新源于变革和探索。动态性原则追求创新创业教育的不断更新，通过持续的创新实践培养学生的创新能力和创业意识。

总之，动态性原则要求机制具备适应变化的能力，并与教育、组织学习和创新理论相结合。高校应根据实际情况，灵活运用动态性原则，构建创新创业教育新模式，培养适应社会发展需求的人才。

（二）动态性原则的应用

在高校创新创业教育中，动态性原则的应用要求不断适应行业发展的新趋势。创新创业教育的目的是培养学生的创新思维和实践能力，因此，教育机制应及时更新课程内容，引入最新的创业案例和技术成果，使学生能够适应时代发展，把握行业发展的机遇。

动态性原则在高校创新创业教育中的应用需要建立灵活的评估机制。创新创业教育的效果难以仅通过考试成绩来衡量，因此，教育机制应采用多种评估方式，如项目实践评估、学生自评、导师评价等，全面了解学生的创新创业能力和成长情况。同时，监测机制要能实时反馈学生的学习情况和实践成果，及时发现问题并进行调整。

动态性原则的应用还需要高校与企业、社会组织等紧密合作。创新创业教育的核心在于培养学生的实践能力，而只有与企业和社会组织紧密结合，才能为学生提供真实的创新创业环境和相关支持。高校应积极与企业合作，开展联合项目，为学生提供实践机会；同时，还应与社会组织进行深入合作，进行行业交流和实践考察，让学生真正了解行业发展的实际情况。

动态性原则的应用还需要注重创新创业教育内容的持续更新。随着社会经济的不断发展，创新创业教育也需要不断优化，以适应新的挑战和要求。高校应该建立反馈机制，定期收集学生、教师、企业等各方面的意见，并据此优化课程设置，提升教育水平和效果。

总之，教育机制应与变化的社会环境相适应，要建立灵活的评估和监测机制，与企业、社会组织紧密合作，并注重持续更新教育内容。只有这样，才能为学生提供全面的创新创业教育，培养出具备创新能力和实践能力的高素质人才。

（三）面临的挑战与对策

创新创业教育领域的发展速度快，新观念、新理论、新技术不断涌现。这给高校创新创业教育协同机制的动态性带来了挑战。要保持与时俱进，高校需要不断更新教学内容、方法和资源，良好适应不断变化的创业环境。

高校创新创业教育协同机制的动态性原则应用，需要与其他机制进行协调与平衡。例如，在学校内部，创新创业教育协同机制需要与教学、科研、实践等机制相互衔接，形成一个有机整体。同时，在学校与外部资源的对接中，动态性原则也需要与开放性原则相结合，形成共同进步的合作模式。

动态性原则在高校创新创业教育中的实施也面临着人才培养模式的转变。传统的教育模式大多强调知识的传授和理论的学习，而创新创业教育更注重动手实践和团队合作。这要求高校教师具备创新思维和实践经验，能够引导学生进行项目实践和开展创业培训。

针对这些挑战，高校可以采取一些对策保障动态性原则的有效实施。首先，加强对教师的培训和专业能力提升，提高他们的教学水平和创业经验。其次，建立完善的创新创业教育管理体系，确保协同机制的灵活性和持续性。再次，高校还应加强与企业、研究机构等外部资源的合作，共享创新创业教育的经验和资源。

综上所述，动态性原则是高校创新创业教育协同机制构建中不可或缺的一项原则。虽然面临一些挑战，但通过加强教师培养、完善管理体系以及加强外部合作等，可以推动动态性原则的有效实施，为高校创新创业教育的发展提供良好支持。

四、开放性原则

（一）开放性原则的特点

开放性原则体现了高校创新创业教育中的自由开放精神，强调学校与外界的积极互动。开放性原则要求高校为学生提供开放、多元的学习环境，鼓励他们积极参与创新创业实践，与社会各界广泛交流与合作。这种自由开放精神有助于提高学生的综合素质，培养他们的创新能力。

开放性原则强调高校创新创业教育的资源共享。在实践中，高校需要与企业、社会组织等建立合作关系，共享资源，共同推动创新创业教育的发展。通过开放性原则的引导，高校可以整合各方面的优质资源，为学生提供更多的创新创业教育支持，促进学生全面发展。

开放性原则注重高校内外交流与合作的机制建设。高校应积极构建与社会各界交流合作的平台机制，包括实习基地、创业孵化器、校内外专家讲座等。这些平台机制能够为学生提供与实际创业环境紧密结合的机会，使他们能更好地理解市场需求和创业形势，提升实践能力。

开放性原则也鼓励高校创新创业教育的国际化发展。随着全球化进程不断加速，高校应积极拓展国际合作与交流，吸引优秀学生来校学习，并为学生提供国际化的创新创业实践机会。国际化的开放性原则可以促进学生的跨文化交流，提升他们的国际视野和就业竞争力。

总之，开放性原则体现了高校创新创业教育的自由开放精神以及国际化发展等方面的特点。高校应积极践行开放性原则，提高创新创业教育的水平，为学生的个人成长和社会发展做出积极贡献。

（二）开放性原则的应用

开放性原则倡导在教育过程中充分开放信息、资源和渠道，促进学生的全面发展和创新创业能力的培养。

开放性原则要求高校为学生提供广泛的学习资源和机会。高校可以开设相关的课程，建立实验室、工作坊等，为学生提供多样化的学习场所和机会。这样一来，学生可以根据自己的兴趣和需求，选择适合自己的学习内容，提高学习积极性和主动性。

开放性原则要求高校与外界建立良好的合作关系。高校要与企业、科研机构、创业孵化场所等建立合作关系，共享资源和信息。通过这种开放合作的模式，高校可以为学生提供更多的实践机会和创新创业项目，培养学生的实际操作能力和创新思维。

开放性原则还要求高校与社会进行有效的互动。高校可以举办创业大赛、组织创业实践活动等，吸引社会各界的关注和参与。通过与社会的互动，高校可以获取更多的资源和支持，为学生提供更好的创新创业学习平台。

要实现开放性原则在高校创新创业教育中的应用，并不是一件容易事。首先，高校需要克服资源和管理的限制，确保学生能够真正受益于开放性原则。其次，高校还需建立有效的评价体系，评估学生在创新创业方面的表现和能力。再次，高校需要与社会各界建立更加紧密的联系，确保学生在创新创业领域可以获得较好的实践机会。

因此，良好应用开放性原则，高校能够更好地培养学生的创新创业能力，为他们的未来发展创造更多的机会和可能性。

（三）面临的挑战与对策

开放性原则的应用需要高校创新创业教育实践基地的支持。实践基地的数量通常有限，如何平衡基地资源的需求与实际供给，是一个值得思考的问题。因此，在应用开放性原则的过程中，需要与实践基地建立更加紧密的合作关系，共同制定资源分配的机制。

开放性原则的应用面临的挑战还包括知识产权保护和技术转移。在创新创业过程中，知识产权是一项重要的资产，但其保护和合理利用是一个复杂的问题。高校需要建立健全知识产权管理机制，加强对学生的知识产权意识培养，并与有关部门合作，合作完成知识产权保护和技术转移的工作。只有采取合理的知识产权保护措施，才能给创新创业教育提供更好的发展环境。

在开放性原则的应用中，也需要注意与社会、产业界的协同合作。高校创新创业教育不能囿于校内的教育资源，还需要将社会和产业界的资源整合进来，与创新创业实践相结合。这就要求高校与企业、创投机构等各方建立紧密的合作关系，通过项目合作等方式，促进学生与外部环境的互动和交流。

开放性原则的应用也面临着文化的差异问题。在国际化的背景下，高校创新创业教育的开放性可能会涉及不同国家、不同文化背景学生的交流与合作。因此，高校需要关注国际交流和跨文化合作，推动国际化办学，提供多元化的学习和交流机会。同时，还要提高学生的文化素养，培养他们具备跨文化交流与合作的能力。

综上所述，开放性原则在高校创新创业教育中具有重要作用，但其应用也面临着一些挑战。高校需要积极应对这些挑战，加强与实践基地的合作，完善知识产权保护和技术转移机制，加强与产业界的协同，推动国际化办学并培养学生的跨文化交流与合作能力。通过这些努力，开放性原则将发挥更加有效的作用，为学生的创新创业能力培养提供更好的支持。

第三节　构建过程

一、高校创新创业教育的目标确定

（一）社会价值目标

创新创业教育作为高校教育的重要组成部分，担负着培养创新人才、推动社会发展的重要使命。在确定创新创业教育的社会价值目标时，需要考虑其对社会和经济的积极影响。

1. 促进经济发展

随着知识经济时代的到来，创新能力成为了促进企业和社会发展的重要因素。高校创新创业教育的目标之一就是培养具备创新意识和能力的人才，为社会储备更多有创新精神的人才资源，推动经济创新和发展。

2. 推动社会进步

创新创业具有激发人们创新思维和参与实践的作用，培养创新创业人才能够推动社会的进步。通过创业活动，创新型人才能够解决一些社会问题、推动社会变革，促进科技进步和社会发展。

3. 培养社会责任感

创新创业教育不仅是传授技能和知识，还培养学生的社会责任感和创新创业价值观。通过参与创新创业实践活动，学生会逐渐意识到自己肩负的社会责任，并为解决相关问题做出贡献。

综上所述，高校创新创业教育的社会价值目标涵盖促进经济发展、推动社会进步和培养社会责任感。在制定创新创业教育的具体目标时，需要根据社会的需求和人才培养的要求，结合高校自身的实际情况合理确定。明确了社会价值目标，能更好地发挥创新创业教育的作用，为社会的可持续发展做出贡献。

（二）教育目标

在实施创新创业教育的过程中，我们需要明确教育目标，以确保教育的有效性和可持续性。

1. 培养创业精神

通过课堂教学和实践活动，应当培养学生探索问题、解决问题和创造价值的能力。让他们掌握分析、判断和决策的技巧，学会合作、沟通和领导。这些都是创新创业所需要的必备素质，也是他们未来在创业领域中取得成功的基础。

2. 培养创业意识

学生应当了解创新和创业对于社会和经济发展的重要性，认识到自身具备创新和创业的潜力。他们应当具备敢于尝试、适应变化和接受失败的勇气，并能从失败中吸取教训，不断完善自我。

3. 培养实践能力

学生应当具备扎实的专业知识和技能，能够应用所学知识解决实际问题。他们还应当具备市场调研、编写商业计划、管理团队等实践能力，能够独立完成创业项目的开展和管理。

总之，在确定高校创新创业教育的教育目标时，我们应当注重培养学生的创新思维和创业精神，树立其创新和创业意识，提升其专业素养和实践能力。通过明确教育目标并采取相应的教育措施，能更好促进高校创新创业教育的全面发展和学生创新创业能力的提升。

（三）个体发展目标

创新创业教育的个体发展目标是培养学生的创新思维和创业精神，促进个体全面发展和提高综合素质。个体发展目标是高校创新创业教育的核心内容，旨在通过教育培养学生的创新创业能力，使其能够适应社会的变化和发展。

1. 提升创新思维

创新思维是指学生具有独立思考和创造性决策的能力，能够面对困难问题并提出解决方案。通过创新创业教育，学生可以接触到不同的创新案例和思考方法，了解创新的重要性，培养和锻炼他们的创新思维。

2. 具备创新精神

创业精神是指学生具有创业意识和创业能力，能够主动发现机遇并勇于创新。培养创业精神是高校创新创业教育的重要目标，通过创新创业教育的培养，学生可以把握创业的机会和面对挑战，了解创业的重要性和意义，从而培养和锻炼他们的创业能力。

3. 提高综合素质

创新创业教育注重培养学生的综合能力，包括学习能力、实践能力、领导能力、团队合作能力等。通过创新创业教育的实施，学生可以参与创新项目和创业实践，锻炼和提升他们的各方面能力，从而全面提高他们的综合素质。

4. 激发创新潜力

创新创业教育的目标还包括帮助学生发现自己的兴趣和擅长领域，并为其职业发展做好准备。通过创新创业教育的引导和培养，学生可以了解不同领域的创业机会和职业发展前景，从而激发他们的职业发展潜力。

总之，创新创业教育的个体发展目标是培养学生的创新思维和创业精神，以及提高其综合素质和激发职业发展潜力。实现这些目标需要高校在教育教学中注重培养学生的创新意识，提供创业机会和平台，激发学生的潜力，并加强对学生的就业指导和职业规划帮助。

二、高校创新创业教育的环境

（一）宏观环境

宏观环境涵盖了社会、经济等多个方面的综合因素，这些因素对高校创新创业教育的发展和协同机制的运行效果产生着深远影响。

1. 社会因素

随着社会的不断发展，高校创新创业教育所面临的挑战也不断增加。社会对创新创业人才的需求日益增加，这对高校创新创业教育提出了更高的要求。社会环境的变化也会对高校创新创业教育的政策制定与实施产生重要影响，因此，在宏观环境中必须充分考虑社会因素的影响。

2. 经济因素

高校创新创业教育的设计与实施需要经济支持，这包括资金、资源、技术等多方面的支持。宏观经济环境的情况将对高校创新创业教育的发展产生深远影响。经济因素的分析旨在为高校创新创业教育协同机制提供经济支持方面的参考。

除了社会和经济因素外，分析宏观环境还需考虑其他因素，例如历史文化、法律法规、科技发展等。这些因素对高校创新创业教育的发展也具有不可忽视的作用。

综上所述，宏观环境深刻影响高校创新创业教育协同机制的设计。社会、经济等多方面的因素将影响协同机制的运行效果。因此，在确定高校创新创业教育的宏观环境时，需全面考虑各种因素的影响，确保协同机制的顺利推进和有效实施。

（二）行业环境

行业环境是高校创新创业教育协同机制设计的重要考量因素。通过对行业环境进行分析，可以更好地了解高校创新创业教育所处的外部环境，为协同机制的设计提供参考依据。

我们需要关注创新创业教育的发展趋势。当下，大家都非常重视创新创业教育，纷纷出台相关政策和支持措施，推动创新创业教育进一步发展。与此同时，不同国家的创新创业教育发展水平存在一些差异，这也给高校创新创业教育带来了机遇和挑战。因此，在设计协同机制时，需要适应行业发展趋势，抓住机遇，迎接挑战。

我们还需要考虑创新创业资源的供给情况。创新创业教育需要依托一定的资源支持，包括创业导师、创业平台、创业资金等。在行业环境中存在着不同层次和类型的创业资源，高校需要充分了解和把握这些资源的供给情况，并与之合作与共享。同时，还需要关注行业内的竞争情况和合作机会，寻找与企业、创业团队等相关方的合作契机，为创新创业教育提供更多资源支持。

行业环境还涉及政策、法规、市场需求等方面。政策和法规的变化会对高校创新创业教育带来不同程度的影响，需要及时关注并进行相应调整。市场需求的变化会对高校创新创业教育的方向和内容产生影响，因此，行业环境分析需要考虑当前的市场需求，还要预测未来的发展趋势，并及时调整和优化。

总之，行业环境分析是高校创新创业教育协同机制设计过程中不可忽视的环节。通过对发展趋势、资源供给、政策法规和市场需求等方面的综合分析，可以为协同机制的设计提供有力的帮助，确保高校创新创业教育能够适应行业环境的变化，不断提升创新创业教育的水平。

（三）内部环境

在高校创新创业教育中，内部环境影响是非常重要的。它涵盖学校内部的资源配置、组织架构以及师生关系等。通过对内部环境的分析，可以了解高校创新创业教育的优势和潜在问题，为制定有效的协同机制提供依据。

1. 资源配置

高校作为知识的集聚地，具有丰富的教学资源、科研资源和创新资源。在内部环境分析方面，需要关注高校的师资力量、实验室和实践基地等资源的配置和利用情况。合理配置和充分利用这些资源，能为学生提供良好的创新创业学习平台。

2. 组织架构

高校内部的组织架构要能支持并促进创新创业教育的开展。例如，高校可以设立创新创业教育部门或机构，提供专门的教育、培训和指导服务。此外，高校还可以建立创新创业教育的指导委员会或团队，由相关专家或学者参与，为创新创业教育的决策和规划提供指导。

3. 师生关系

在高校开展创新创业教育时，师生之间的互动和合作关系十分重要。学生需要有良好的师生互动平台，教师需要具备一定的创新创业教育能力，并能激发学生的创新潜能。此外，还需要建立学生之间的合作与竞争机制，促进学生之间的交流与互相学习。

在内部环境分析的基础上，可以针对高校创新创业教育的优势和潜在问题，设计出相应的协同机制。例如，加强师资队伍建设，提供专业的培训和指导，改善师生互动关系等。此外，还要加强学生之间的协作与竞争，营造良好的创业氛围。

总之，通过对内部环境进行细致分析，可以为协同机制的设计提供重要的参考依据。资源配置、组织架构以及师生关系等方面的优化，有助于提升高校创新创业教育的水平。因此，在制定协同机制时，应充分考虑内部环境分析的结果，推动高校创新创业教育的持续发展。

三、协同机制的设计

（一）教学协同机制设计

在开展高校创新创业教育的过程中，教学协同机制的设计是一个重要环节。设计有效的教学协同机制，可以促进学生的创新思维和实践能力的培养，进一步提升高校的创新创业教育水平。

为了实现教学协同，我们需要建立良好的沟通平台，以便教师和学生能够进行有效的交流和合作。该平台可以是课堂教学中的互动环节，也可以是线上教学中的讨论区，甚至是学生创业团队的工作室。通过这样的沟通平台，学生可以和教师充分交流，从而激发出更多的创新想法。

教学协同机制设计需要注重培养学生的实践能力。创新创业教育不仅传授知识，更重要的是培养学生解决问题的能力和实践操作的技巧。因此，在教学过程中可以引入实践案例、进行项目实训等，让学生参与到实践中去，提高他们的实践能力和解决问题的能力。

教学协同机制设计还需要充分考虑学生个体的特点和需求。不同学生在创新创业教育中的需求和兴趣可能存在差异。因此，高校可以采取个性化教学方式，根据学生的兴趣爱好和潜在能力，为他们提供不同的学习资源和指导。这样可以更好地满足学生的需求，激发他们更大的潜力和创新能力。

教学协同机制设计也需要关注实践效果的评估和改进。通过对教学效果进行评估，我们可以了解教学协同机制的优势和不足。在评估的基础上，我们可以及时改进和调整，不断提升教学协同机制的质量。

综上所述，通过搭建良好的沟通平台，注重实践能力的培养，关注学生个体的需求以及评估和改进等，我们可以有效推动高校创新创业教育的发展，培养具有创新精神的人才。

（二）学术研究协同机制设计

高校创新创业教育的相关学术研究有助于知识的创造与传播，并促进创新能力的培养。为了强化高校学术研究的协同机制，需要从明确目标、环境分析、制定机制、具体实施以及效果评估等方面进行有序设计。

明确学术研究协同机制的目标十分关键。学术研究的协同旨在促进不同学科间的融合，推动学术研究成果的转化与应用，并提升高校的科研影响力。因此，确定目标时应考虑增加学术合作与交流的机会，提升科研人员的创新能力。

针对环境分析，需要充分了解学术研究的现状与发展趋势。当下，科技创新呈现出跨学科与跨界合作的趋势，因此，学术研究协同机制应当鼓励不同学科间的合作与交流。此外，还需要评估高校的科研资源情况，了解科研人员的需求与意愿，为协同机制的设计提供参考。

在制定机制方面，可以考虑建立跨学科的研究中心或实验室，为不同学科的科研人员提供共同的工作平台。此外，可以设立跨学科的研究项目，鼓励不同学科的科研人员联合申请科研项目，促进合作与交流。另外，还可以组织学术研讨会、专家讲座等活动，为科研人员提供一个分享与交流的平台。

在具体实施时，需要明确责任与义务的分配。科研人员参与学术研究需要明确各自的职责，建立有效的工作机制。同时，需要设立专门的管理机构，负责协调、监管协同机制的实施情况,并及时解决协同中出现的问题。

在实施后对学术研究协同机制的效果进行评估是必不可少的。可以对科研成果与学术影响力进行评估,以及对学术研究协同机制的参与人数和质量等方面进行评估。基于评估结果,可进行机制的优化与改进,进一步提升学术研究的水平。

(三) 校企合作协同机制设计

校企合作是高校创新创业教育中十分重要的一环,它为学生提供了实践机会,促进了产学研结合。在设计校企合作协同机制时,需要综合考虑多个因素,包括企业需求、学校资源、学生能力等。

在确定校企合作的目标时,需要明确双方的共同利益和合作重点。学校需要了解企业的需求,包括技术、人才和资源等方面的需求,以便与企业建立有效的合作关系。同时,学校还应该明确自身的优势,以便在合作中能够提供有力支持。

在分析环境时,需要考虑校企合作相关的政策、市场和行业等因素。政策的支持是校企合作的重要保障,因此需要了解相关政策的要求和支持办法。同时,还需要对市场和行业进行调研,了解行业的发展趋势和企业的优势,以便根据市场需求来制定合作机制。

设计校企合作协同机制需要建立有效的沟通渠道与合作平台。沟通是校企合作的基础,双方需要通过多种方式进行沟通和交流,以便及时了解彼此的需求。合作平台则是实现合作的具体载体,可以共同建立实验室、设立专项基金等来促进合作的深入开展。

在实施校企合作协同机制的过程中,需要进行监测和评估,及时发现问题和优化机制。监测可以通过定期的沟通和交流来进行,双方可以共同制定合作目标和绩效评估指标,以便评估合作效果和调整合作策略。评估结果可以反馈给双方,为未来的合作提供参考。

因此,校企合作协同机制的设计需要全面考虑各方需求,确保合作的有效性和持续性。通过建立目标明确、沟通顺畅、合作平台良好的机制,可以有效促进校企合作的开展,为高校创新创业教育提供有力保障。

(四) 创新团队协同机制设计

通过建立良好的学生创新团队协同机制,可以有效促进学生之间的协作,提高其创新能力和合作能力。

为了实现学生创新团队的协同工作,可以采用定期召开团队会议的方式。每个团队成员都应该参与会议,并分享自己的创新想法和工作进展。这样,团队成员之间可以相互借鉴、交流经验,并更好地协同合作。此外,在团队会议中还可以设立讨论环节,让每个人都有机会发表自己的观点,促进团队的思想碰撞和创新想法的产生。

为了提高学生创新团队的协作效率，我们可以使用协同工具。例如，依托在线协作平台或团队管理软件，提供统一的工作平台，方便团队成员之间协同编辑、分享文件、交流信息等。这种协同工具能增强团队成员之间的沟通效率，也可以实时跟踪各项任务的进度和完成情况，方便团队领导对项目进行监督和管理。

在学生创新团队中，可以建立知识共享机制。每个团队成员都应该积极分享自己的专业知识和技能，与团队其他成员互相交流和学习。例如，可以设立一个内部学习平台或者举办团队内部的技术交流会，让团队成员有机会分享自己在专业领域的研究成果和实践经验。通过这种方式，团队成员可以相互学习，共同提升创新能力，并为团队的项目提供更好的帮助。

我们还应该建立有效的团队评估机制，衡量学生创新团队的协同工作效果。通过定期进行团队评估，可以发现团队在协同工作中存在的问题，并及时采取措施进行优化。评估机制包括对团队成员的评价，工作成果的评估以及团队项目的绩效评估等多个方面。

综上所述，通过这些措施的有效运用，可以促进学生创新团队的协同合作，提高其创新能力和合作能力。

四、协同机制的实施与效果评估

（一）协同机制的实施策略

1. 明确目标定位

在确定目标时，应充分考虑高校创新创业教育的特点和需求，明确协同机制要在哪些方面发挥作用，如人才培养、团队支持、项目孵化等。定位则是要明确协同机制在高校创新创业教育体系中的地位和角色，比如是支撑性的还是主导性的。

2. 制定实施计划

实施计划应包括具体的任务和目标，明确的责任人和负责部门，以及实施的时间节点和步骤等。时间表则是为了保证实施过程的有序进行，确保各项任务按时完成。

3. 协同各方合作

协同机制的实施涉及多个部门和责任人的协同配合，如教育部门、科研机构、创业团队等，因此，必须建立有效的沟通和协作机制，形成合力。可以通过定期召开工作会议、建立跨部门工作群等方式，促进交流合作，确保各方的参与和协同。

4. 评估结果优化

协同机制的实施效果评估是对实施过程的监督和反馈，能够及时发现问题并改进。通过采用多种评估方法，如问卷调查、专家评审和案例分析等，可以全面了解协同机制的实施效果，进而调整策略，提升协同水平。

总之，高校创新创业教育协同机制的实施策略需要明确目标定位，制定实施计划，协同各方合作，以及进行监测和评估。确保这些策略的有效实施，能充分发挥协同机制在高校创新创业教育中的作用。

（二）协同机制的评估方法

为了评估高校创新创业教育协同机制的实施效果，我们需要采用科学有效的评估方法。

1. 指标体系评估

评估的目标是衡量协同机制实施对高校创新创业教育的影响程度。指标体系评估包括多个方面，例如教育质量、学生创新创业能力、课程设置等。我们可以采用问卷调查、实地观察、访谈等方法获取评估指标的数据。

2. 层次分析法和模糊综合评价法

可以使用层次分析法和模糊综合评价法等方法对指标进行权重分配和评价。层次分析法能通过专家意见和数据分析确定各指标的相对重要性，从而建立一个层次结构，对不同的指标进行比较、排序。模糊综合评价法则能处理不确定性或模糊性的指标评估，提供一种定量评估的结果。

3. 统计分析评估

通过对收集到的数据进行统计描述、相关性分析和回归分析等操作，可以客观评估协同机制的实施效果。此外，我们还可以采用贡献度分析、区分度分析等方法对指标的质量进行评估，从而确保评估结果的准确性。

4. 评估结果的综合分析

在评估结果得出后，我们可以采用图表、图像化等方式将结果进行可视化展示，以便于研究者和相关决策者了解和把握协同机制的实施效果。此外，我们还可以利用实证研究方法进行进一步分析，明确实施效果和影响因素之间的关系。

综上所述，基于综合评价模型的评估方法能够客观评估高校创新创业教育协同机制的实施效果。通过明确评估目标与指标体系，使用层次分析法和模糊综合评价法对指标进行评价，以及采用统计分析方法对数据进行处理，可以得出准确的评估结果，为高校创新创业教育提供改进的依据。

第四章　高校创新创业教育协同机制的实施

第一节　实施流程

一、高校创新创业教育协同机制的运行模式

在高校创新创业教育协同机制的运行过程中，一项重要的任务是确保参与方能协同合作，实现共同目标。为此，需要有效的运行模式来指导协同机制的实施。

制定明确的工作流程是确保协同机制顺利运行的关键。这涉及协同机制各环节之间的衔接，包括信息共享、资源整合、项目管理等方面。通过明确参与方的职责和义务，可以避免决策过程中的混乱，从而提高协同效率和配合度。

建立有效的沟通机制是保证协同机制良好运行的重要内容。高校创新创业教育涉及多个参与方，如学校、企业、社会组织等，每个参与方都有不同的需求。通过定期召开会议、交流讨论等方式，可以促进各参与方之间的有效沟通和协商，解决问题、解决分歧、形成共识，并为协同机制的优化提供建议。

建立合理的考核和激励机制是促进协同机制运行的重要手段。协同机制的成功与否，不仅取决于制度设计和流程规范，还取决于参与方的积极性。通过建立透明、公正、合理的考核和激励机制，可以激发参与方的积极性，促进他们主动参与。这可以通过设置奖励制度、评选优秀项目案例、搭建交流平台等方式实现，从而不断提升协同机制的运行效果。

建立有效的监管和评估机制是保障协同机制运行的重要内容。监管和评估的主要目的是确保协同机制符合规范和要求，同时也是为了发现问题、改进机制。通过定期的监管和评估，可以了解协同机制的运行情况，并针对性地进行调整，提高协同机制的可持续发展能力。

二、高校创新创业教育协同机制的实施步骤

（一）确定实施计划

1. 明确目标

高校创新创业教育协同机制的实施目标主要包括提升学生创新创业能力，促进各学科融合，推动创新创业教育发展等。明确目标有助于指导后续工作。

2. 制定方案

这包括制定具体的活动方案、选择实施方式、确定资源需求等。例如，可以通过开设创新创业课程、举办创新创业大赛、建立创新创业实践基地等方式来实施协同机制，为学生提供创新创业的机会和平台。

3. 时间安排

根据不同的活动和实施策略，合理安排时间可以确保各项工作顺利开展。可以制定详细的时间表，明确各项活动的开始时间、结束时间以及相应的阶段性目标。

4. 资源调配

资源的调配包括人力资源、物质资源、财务资源等。建立实施团队，明确各成员的职责和任务，同时合理分配资源，提供必要的支持，这样可以有效保证实施计划的顺利进行。

5. 评估改进

通过监测和评估，可以及时发现问题并采取相应的措施进行调整。可以制定相应的评估指标，进行定期的评估和检查，从而保证高校创新创业教育协同机制的实施步骤按照计划进行。

（二）组建实施团队

为了有效实施高校创新创业教育协同机制，组建一支高质量的实施团队是非常重要的。这个团队应该由多个部门和各个层级的教育工作者组成，他们应具备协同合作精神，共同致力于推进创新创业教育的发展。

组建实施团队的第一步是明确团队的组成和角色分工。这包括确定团队成员的具体部门或单位，以及每个成员在协同机制的实施中负责的具体工作。例如，可以指定一个团队负责人，负责协调各个部门之间的沟通，以及一个项目经理，负责具体的实施规划和监督。

组建实施团队需要培养协同合作的意识和能力。这需要团队成员之间建立良好的沟通机制和合作模式，以便能高效地协同工作。同时，也需要提供培训机会，增强团队成员在创新创业教育领域的专业知识和技能，以便更好地推进协同机制的实施。

组建实施团队还需要明确团队的目标和工作计划。这包括确定团队的长期目标和短期目标，以及具体的工作内容和时间表。在制定工作计划时，团队成员应该共同参与，并充分考虑各个部门的需求和资源情况，确保实施计划的可行性和有效性。

组建实施团队也需要进行监督和评估。团队成员应该定期汇报工作进展和成果，以便能及时进行改进。同时，也需要建立评估机制，对团队的工作进行定期评估，以便能持续提升协同机制的运行水平。

（三）宣传协同机制

为了确保高校创新创业教育协同机制的有效实施，宣传和推广是十分重要的一步。通过宣传，可以增强广大师生对协同机制的认知和理解，激发他们的积极性。

其一，可以通过校园广播、电子屏幕等宣传媒介，向全校师生广泛宣传高校创新创业教育协同机制的背景、目标和意义。宣传内容可以包括协同机制的理念和原则，以及协同机制所能带来的成效。关键是要以简洁明了的语言，把宣传信息传递给师生，引起他们的关注。

其二，可以组织专题讲座、座谈会等形式的活动，邀请相关领域的专家学者来校讲解和交流。专家学者可以分享协同机制的成功经验和案例，向师生们传递实践经验。这样的活动可以提高师生的认知水平，还能激发他们的学习和实践兴趣，促使他们主动参与协同机制。

其三，可以借助新媒体平台，例如校园网站、公众号等，建立协同机制的官方信息发布渠道。通过定期发布协同机制的相关动态、新闻和案例分析等，能及时向师生传递信息，增强他们的参与感和获得感。同时，还可以借助新媒体平台进行互动交流，鼓励师生提出问题、分享经验，营造良好的交流氛围。

其四，可以利用学校内外的各种资源，如宣传栏、展示牌、海报等，进行实地宣传和展示。这样的宣传方式比较直观，能够让广大师生直接感受到协同机制的效果。同时，还可以通过举办创新展览、成果展示等活动，展示协同机制下师生在创新创业方面取得的成果，鼓励更多师生参与进来。

（四）设计协同活动

设计协同活动是高校创新创业教育中的重要环节。在实施协同机制的过程中，设计协同活动既是目标的实现方式，也是机制运行的具体体现。

在设计协同活动时，需要明确活动的目标和意义。活动的目标应该与协同机制的目标相契合，能够促进创新创业教育的发展和学生创新创业能力的提升。例如，可以设计系列的创业竞赛、讲座和培训，旨在培养学生的创新思维、团队合作能力。同时，要确保活动具有一定的可操作性和可评估性，便于后续的优化。

设计协同活动还要充分考虑学生的特点和需求。创新创业教育的目标是培养学生成为具有创新精神和实践能力的优秀人才，因此协同活动应该具有一定的针对性。可以根据学生的专业背景、兴趣爱好和创业意愿，设计不同类型的活动，满足不同学生的需求。例如，对于理工科学生，可以设计技术创新项目和组织科技创业实践；对于文科学生，可以组织创意设计比赛和创意产业实践。

在实施协同活动时，要注重活动的组织和管理。组织方面，需要确定活动的时间、地点和参与人员，并制定详细的活动计划。活动计划要包括活动的目标、内容、流程、资源需求等，确保活动的顺利进行。同时，还要建立有效的活动管理机制，包括活动的监督、评估和反馈机制，及时发现和解决活动中的问题，并不断优化活动的效果。

我们也要注意协同活动的宣传和推广。协同活动的宣传和推广是提升活动的参与度和影响力的重要方式。可以通过多种途径，如学校官网、校园媒体、社交媒体等宣传渠道，宣传活动的目的、意义和参与方式，吸引更多的学生参与协同活动。同时，还可以邀请相关领域的专家和企业代表参与活动，增强活动的权威性和实践性，提高学生的参与积极性。

第二节　实施策略

一、组织领导

（一）高校组织领导的内涵及功能

高校组织领导在这里是指高校内部的管理机构或管理人员对创新创业教育的组织和领导工作。在当前高校创新创业教育中，高校组织领导扮演着重要角色，对于教育改革和创新创业的推动起到重要作用。

高校组织领导有助于规划创新创业教育的发展目标和路径。作为高校内部的决策者，他们能全面了解高校的特点和需求，根据实际情况制定切实可行的目标和计划。他们具有整体认识和全局思维，能够将创新创业教育与高校的发展战略相衔接，使创新创业教育的发展与高校整体发展目标相一致。

高校组织领导能协调和整合各方资源，优化创新创业教育环境。创新创业教育需要依靠各种资源，包括人力资源、物质资源和信息资源等。高校组织领导能通过协调和整合资源，避免资源的浪费和重复利用，提高资源的利用效率。他们还能营造良好的教育环境，为学生的创业活动提供必要的支持。

高校组织领导还能激发师生的创新意识和能力。创新创业是高校培养人才的重要任务，因此要提高教师和学生的创新创业素质。通过开展相关培训和讲座、组织创业竞赛和项目等，可以激发师生的创新创业热情，提升其创新创业能力。同时，引导教师和学生关注市场需求和社会问题，鼓励他们积极探索和解决问题，有助于培养他们的创新思维和创业精神。

高校组织领导也能营造创新创业文化氛围。创新创业文化对于高校的创新创业教育有着重要影响。高校组织领导在创新创业教育中要重视文化建设，通过各种方式营造一个积极、开放、包容的创新创业文化氛围。鼓励学生勇于尝试和创新，树立敢于失败和再次尝试的态度，塑造创新创业的正确价值观。

因此，在高校创新创业教育中，高校组织领导需要充分发挥其统筹作用，通过规划目标、整合资源、培养能力和建设文化，为创新创业教育的发展奠定基础。通过高校组织领导的有效引导和支持，创新创业教育能真正发挥其作用，培养出更多有创新精神和创业意识的人才，推动社会发展。

（二）组织领导在创新创业教育中的作用

在高校创新创业教育中，组织领导具有至关重要的作用。

1. 明确方向

高校作为培养创新创业人才的重要场所，需要明确创新创业教育的目标，为学生提供明确的方向。通过组织领导者的引领和指导，可以确保创新创业教育的目标与高校整体发展战略相契合，更好地激发学生的创新潜能。

2. 资源整合

高校内部会涉及多个部门、各类创业中心和实验室等，组织领导者可以起到整合与调度的作用。通过设立专门的创新创业管理机构或指导委员会，并制定相应的政策或规定，可以促进不同资源的协同使用和共享。只有充分整合与协同，才能良好提高创新创业教育的水平。

3. 营造氛围

创新创业需要一种积极的态度和氛围支持，这需要组织领导者的积极引导和示范。通过组织各类创新创业活动、开展教育培训、邀请创业成功者分享经验等，可以营造浓厚的创新创业氛围。这样既可以激励学生的创业热情，也能培养他们的创新能力。

4. 加强合作

高校创新创业教育需要与社会各界建立有效的合作关系，为学生提供实践机会和资源支持。组织领导者可以主动与企业、创投机构等建立联系，开展合作项目、对接资源，并促进学生与外界的交流与学习。这样可以增强学生的实践能力和创新意识，进一步提高高校创新创业教育水平。

综上所述，高校组织领导在创新创业教育中的重要性不可忽视。通过明确目标和方向、促进资源整合与协同、营造良好的创新创业氛围以及加强与外部的沟通合作，组织领导者可以有效推动高校创新创业教育的发展，培养更多的优秀人才。

二、资源配置

（一）优化资源配置的重要性

在实施高校创新创业教育时，资源配置是指将有限的资源合理分配给各个教育项目或活动，以达到提高创新创业教育水平的目标。资源包括各方面的支持和保障，如资金、场地、设施、人力等。优化资源配置对于创新创业教育来说具有非常重要的意义。

优化资源配置能提高创新创业教育的成效。通过合理分配资源，可以使各个创新创业教育项目得到充分的保障，提高项目的成功率和影响力。例如，通过向优秀的创新创业团队提供更多的资金和设施支持，可以促进他们的创新创业项目快速发展，进一步提高高校的创新创业教育水平。

优化资源配置能提升高校创新创业教育的竞争力。在当前高校创新创业教育竞争激烈的情况下，资源是关键。通过优化资源配置，可以使高校在创新创业教育领域拥有更多的竞争优势。举个例子，投入更多的人力资源和设施设备用于创新创业教育，可以吸引更多的优秀学生和创业团队来校开展创新创业活动，从而提升学校的知名度和影响力。

优化资源配置还能有效提升创新创业教育的品质。资源配置不仅是提供支持和保障，更重要的是使资源得到高效利用。通过优化资源配置，可以提高资源的利用效率量。例如，合理配置优秀的师资力量，可以提供更专业、高质量的创新创业教育课程和指导，促进学生的全面发展和创新能力的提升。

总之，优化资源配置在高校创新创业教育中具有重要意义。通过合理分配资源，可以提高教育水平，提升竞争力，并提高影响力。因此，高校在实施创新创业教育时，应注重资源配置的优化，推动创新创业教育的不断发展和完善。

（二）创新创业教育中的资源配置现状

在创新创业教育中，资源的合理配置对于学生的全面发展、创新能力的提升起着重要的促进作用。

技术资源是创新创业教育中不可或缺的重要资源，如实验室设备、科研项目等。目前，许多高校已经意识到了这一点，开始加大对技术资源的配置力度。例如，在校内建立先进的实验室，引进高水平的科研项目，从而促进学生在实践中创新。

专业导师资源是创新创业教育中的重要支撑。优秀的导师能为学生提供丰富的经验和指导，激发他们的创新潜能。然而，当下的资源配置中还存在一些问题。例如，有些高校导师数量不足、导师队伍结构不合理等，导致学生无法得到充分的指导。为解决这一问题，高校要加强对导师队伍的培养和管理，提高导师的素质和能力，确保学生能够得到高水平的指导。

资金资源的配置也是创新创业教育的一个重要方面。资金是推动创新创业的重要保障，它可以用于支持学生的科研项目、创业项目等。然而，在当前的资源配置中，某些高校的资金趋于集中在少数学科或项目中，导致其他项目的资金缺乏。因此，高校要加强资金的合理分配，注重各个学科、项目的均衡发展，确保创新创业教育能够得到足够的资金支持。

因此，创新创业教育中的资源配置是为了促进学生的创新能力和创业意识的提高。当前的资源配置中，虽然存在一些问题，但通过加大对技术资源、专业导师资源和资金资源的配置力度，可以进一步优化资源配置，提升创新创业教育的质量。

（三）优化资源配置的方法

通过科学合理地配置资源，能最大限度发挥高校的教育资源优势，提升创新创业教育的水平。

1. 注重资源的整合

高校内部相关部门应建立有效的合作机制，充分利用现有的资源，避免资源的重复投入与浪费。例如，教育教学资源与创新创业资源之间可以进行有效地衔接与整合，实现资源的优化配置。此外，高校之间也应建立联合协作机制，共享优质资源，进一步提升创新创业教育的水平。

2. 注重资源的管理

不同学科、专业和学生在创新创业教育中所需的资源存在差异，因此，针对不同需求，进行精细化地资源配置是必要的。通过对不同资源的分类管理，可以更好地满足学生的个性化学习需求，提供具有针对性的创新创业教育资源，促进学生的创新能力与创业意识的培养。

3. 注重资源的共享

高校可以借鉴外部资源的优势，引入社会资源完成创新创业教育的支持与补充。建立与企业、创业团队等外部合作伙伴的紧密联系，通过共享资源和共同开展创新创业项目，能实现教育与产业的深度融合，提升创新创业教育的实践性和针对性。

4. 注重资源的优化

创新创业教育是一个不断发展的过程，资源配置需要根据学校和学生的实际需求进行动态调整。高校应定期评估资源的使用情况，根据反馈结果进行相应的调整与优化。只有不断适应创新创业教育发展的需求，才能实现资源配置的最优化，提升创新创业教育的质量。

总之，优化资源配置是高校创新创业教育协同机制中不可或缺的一环。通过整合共享资源、差异化管理资源、开放共享资源以及动态调整资源，高校能够实施有效的资源配置策略，提升创新创业教育的质量，培养更多具有创新精神和创业能力的高素质人才。

三、师资队伍建设

（一）师资队伍建设的重要性

师资队伍建设是高校创新创业教育中不可或缺的组成部分。作为高校创新创业教育的推动者和引领者，师资队伍的素质和能力直接影响创新创业教育的质量。师资队伍建设的概念可以理解为，通过各种途径和措施，提升教师的专业素养、创新能力和教学水平，为学生提供更加优质的创新创业教育服务。

师资队伍建设的重要性不言而喻。首先，在创新创业教育中，教师是学生的引路人和榜样。只有教师具备了一定的创新创业能力和素养，才能更好地引导学生进行创新创业实践，发掘学生的潜能，培养学生的创新能力。其次，优秀的师资队伍能为学生创造良好的创业环境。通过教师的引导和激励，学生能更好地融入创新创业氛围，获取更多的实践机会和资源支持。再次，师资队伍的建设还能提高高校的创新创业教育水平。教师的专业素质和水平的提高，能促进各方面的创新，实现高校创新创业教育的协同发展。

要加强师资队伍建设，需要采取一系列的措施。其一，高校应注重选拔培养优秀的创业教师。通过建立健全教师评价和激励机制，激发教师的积极性和创造性。其二，高校应加强教师的培训和交流。举办各类培训班和研讨会，提升教师的教学能力和专业素养。其三，高校需要加强与企业和社会组织的合作，引进优秀的创业导师和行业专家，为教师的专业发展提供更多的机会。其四，高校应注重创新创业教师的绩效评价体系建设，通过科学合理的评估机制，激励教师全面发展。

因此，师资队伍建设在高校创新创业教育中具有重要的地位和作用。只有建设一支高素质、高水平的师资队伍，才能为学生提供更优质的创新创业教育服务，推动高校创新创业教育向更高水平发展。

（二）师资队伍建设在创新创业教育中的现状

首先，一些高校的师资队伍整体素质不高是当前的一个突出问题。传统的教育模式长期以来大多注重的是学科知识的传授，而对于创新创业能力的培养这一新需求，部分教师还存在认识不足、理念滞后的情况。因此，他们在创新创业教育中的教学理念、教学方法和案例教学等方面还有待提高。

其次，师资队伍在创新创业教育中的跨学科能力较弱。创新创业是一个综合性的过程，需要涉及多个学科领域的知识和技能。然而，现有的师资队伍大多专注于自己所熟悉的学科领域，对于其他领域的知识和理解相对较少。这对于培养跨学科创新创业人才形成了一定的障碍。

再次，师资队伍在创新创业教育中的实践经验相对较少。创新创业活动需要在实践中不断摸索和实验，而一些教师在创新创业领域的实践经验较为有限。这使得他们在进行案例教学、项目指导等实践性教学环节时可能面临一些困惑和挑战，难以为学生提供丰富的实践经验。

针对上述问题，需要制定相应的师资队伍建设策略。一是高校要加强师资队伍的培训和教育，提高他们在创新创业教育中的意识和能力。二是高校可以加强师资队伍的跨学科合作，通过学科交叉培养教师的跨学科创新能力。三是高校还可以通过与企业、科研机构等外部资源合作，为教师提供更多的实践机会和实战经验。

总之，通过加强师资队伍的培训，提高其创新创业教育的意识和能力，同时推进跨学科合作以及实践经验的积累，我们可以更好地推动创新创业教育的发展，培养更多的优秀人才。

（三）师资队伍建设的措施

拥有一支优秀的师资队伍，能够为学生提供全面、专业的创新创业教育，培养出更多具有创新精神和创业能力的人才。因此，如何在师资队伍建设方面制定合理的措施，是构建高校创新创业教育协同机制的关键。

1. 加强培训和引导

高校应该加大对教师创新创业教育的培训力度，提升他们在相关领域的专业能力和知识水平。同时，还要引导教师关注最新的创业理论和实践，注重实际操作和案例分享，以便更好地将知识传授给学生，激发他们的创新潜能。

2. 建立跨学科师资队伍

高校应该注重吸引不同学科背景、专业经验的教师加入创新创业教育团队。不同专业和学科之间的交叉合作和跨界融合，将有助于培养学生的综合能力和创新思维，创造更多的机会和价值。

3. 激励优秀教师的成长

高校应该建立完善的师资评价机制，重视教师在创新创业教育中的贡献和成果。通过给予优秀教师适当的荣誉和奖励，激励他们不断提升自己的教学水平和研究能力，从而进一步推动创新创业教育的发展。

4. 完善相关支持和保障

高校应该提供良好的教学平台，为教师的创新创业教育工作提供支持和保障。同时，还要加强与企业和社会机构的合作，为教师提供更多机会和资源，增强他们的实践经验和创业意识。

总的来说，师资队伍建设的具体措施涉及多个方面，需要高校和相关部门共同努力。通过不断优化师资队伍建设，能够真正提升高校创新创业教育的水平，为培养更多优秀的创新创业人才做出贡献。

四、营造创新创业氛围

（一）创新创业文化的重要性

创新创业文化是指在高校创新创业教育中弘扬的一种有利于学生创新和创业能力发展的价值观、行为规范和思维方式。创新创业文化的重要性在于它能为学生提供一个积极向上、开放包容的学习与成长环境，激发学生的创新潜能，推动他们在未来的职业道路上取得成功。

创新创业文化能培养学生的创新思维和创业能力。在创新创业文化的熏陶下，学生将更加注重自主思考和独立探索，勇于挑战固有模式，敢于提出新颖的想法和解决问题的方法。他们将从小事中发现问题，从生活中汲取灵感，不断探索并将创新转化为实际行动，为未来的创业之路打下坚实基础。

创新创业文化有助于培养学生的创业精神。创新创业文化鼓励学生勇于面对风险、积极创造机会，并且培养学生的团队合作意识和领导能力。在这种文化氛围下，学生将学会发现商机、把握机遇，并能灵活应对挑战和变化。他们将在创新创业的过程中锤炼自己的决策能力、执行能力和危机处理能力，为将来创业的成功奠定基础。

创新创业文化也能激发学生的创业热情和动力。在创新创业文化的引领下，学生将感受到创新创业所带来的快乐和成就感，激发他们为之付出努力的动力。创新创业文化凝聚了大量的成功创业案例和创新的成功经验，这些成功故事将激发学生从内心深处对创新创业的热爱，推动他们更加积极地投入到创新创业实践中。

综上所述，创新创业文化在高校创新创业教育中具有非常重要的作用。它能培养学生的创新思维和创新能力，培养学生的创业精神和创业能力，激发学生的创新创业热情和动力。为了更好地营造创新创业氛围，我们需要不断完善创新创业教育体系，加强创新创业导师团队建设，增加创新创业实践机会，以及加强创新创业文化的宣传和普及。只有全面推进创新创业氛围的营造，才能为高校创新创业教育的有效实施提供坚实的基础和有力的支持。

（二） 创新创业文化在创新创业教育中的现状

第一，创新创业文化的积极影响在逐步凸显。随着社会对创新创业人才的需求日益增长，高校创新创业教育在强调培养学生创新精神和实践能力的同时，也开始注重创新创业文化的建设。很多高校纷纷推出鼓励创新创业的政策，设立创新创业实践基地，开设创新创业课程等，为学生提供了更多的机会和平台参与创新创业实践。

第二，创新创业文化的建设取得了一定的成绩。在一些高校中，已经形成了一定的创新创业氛围。学校鼓励学生参加创业竞赛，组织创业活动，邀请成功创业者进行经验分享等，旨在激发学生的创业热情，提升他们的创新创业能力。此外，一些高校还开展了创新创业文化教育，通过培训、讲座、工作坊等形式，帮助学生了解创新创业文化的内涵和重要性。

第三，创新创业文化在高校创新创业教育中仍存在一些问题。首先，创新创业文化建设与课程教学的融合还不够紧密。创新创业文化应该贯穿整个教育过程，与课程教学相互融合，形成一个有机的整体。然而，目前在一些高校中，创新创业文化教育与学科专业教育之间的衔接还不够紧密，缺乏有针对性的创新创业文化课程。其次，创新创业文化建设需要更多的参与和支持。高校创新创业文化建设需要各方的共同参与，包括学校、教师、学生和企业等。然而，目前在一些高校中，对于创新创业文化建设的关注度还不够高，参与度还不够广泛。再次，创新创业文化建设需要充分的资源投入和支持，但在一些高校中，投入不足，支持不够。

总之，创新创业文化在高校创新创业教育中呈现出一定的积极性和问题性。为进一步发展创新创业教育，我们需要加大创新创业文化的建设力度，加强与课程教学的融合，促进更多的参与和支持，从而为学生的创新创业能力培养提供更好的环境。

（三）营造创新创业文化的策略

为了促进高校创新创业教育的发展，营造良好的创新创业文化氛围至关重要。

1. 优化教育环境

高校应提供合适的场地和设施，用于学生创新创业实践和交流活动。创业孵化器、实验室、创客空间等的建设与完善，不仅能为学生提供良好的实践条件，也能激发学生的创业热情。

2. 加强导师指导

导师在创新创业教育中扮演着重要角色，他们的引导能够帮助学生更好地理解和运用创新创业理论。因此，高校需要加强师资队伍建设，培养一批具备创新创业经验和能力的导师，他们要能为学生提供个性化的创业指导，并在学生创业过程中起到良好的榜样作用。

3. 注重文化建设

创新创业文化不仅包括具体的创业技能和知识，更涉及创新创业的思维方式和价值观念。高校要开设相关课程、组织创业讲座和座谈会等，引导学生认识创新创业的重要性，培养他们的创新意识、创业精神和团队合作意识。

4. 增强社会联系

高校创新创业教育不能仅停留在校内，还应该与社会各界建立合作关系，开展创新创业实践项目以及校企合作等。通过与社会的合作，学生能更好地了解实际创业环境，获取资源和支持，提高自身的创新创业能力。

综上所述，优化教育环境、加强导师指导、注重文化建设以及加强与社会的联系，能够促进高校创新创业教育的蓬勃发展。应用科学的策略，能为学生提供系统的创新创业教育，培养出更多的优秀人才。

第三节　实施效果评估

一、评估目的和原则

（一）评估目的

一是为了衡量高校创新创业教育协同机制的实施效果。通过对机制的评估，可以了解机制在实施过程中是否能有效促进学生的创新和创业能力培养，是否能帮助学生将创新创业理念转化为实际行动，并帮助学生将其转化为创业实践的机会。

二是为了确认高校创新创业教育协同机制是否符合高校对于创新创业教育的要求。高校在创新创业教育方面有着明确的目标和要求，如培养学生的创新思维和创业意识、提升学生的创新能力和创业技能等。通过对机制的评估，可以判断该机制是否能较好地满足这些要求，从而对机制进行必要的调整和优化。

三是了解高校创新创业教育协同机制的推广和应用情况。评估过程中可以了解到机制在不同高校的推广和应用情况，了解机制在不同学科、不同年级、不同学生群体中的应用效果。通过对这些情况的了解，可以为机制的进一步推广和应用提供有益的参考。

四是为高校的决策提供参考依据。高校需要根据实际情况，对创新创业教育协同机制进行评估和改进，以提高机制的有效性。通过对机制的评估，可以为高校的决策提供可信的数据和信息，为高校的决策提供科学依据。

五是评估工作还需遵循一定的评估原则，保证评估的客观性和科学性。评估原则主要包括公正性、科学性、可操作性和可比性等。公正性是指评估过程中需要做到公正、公开，并避免评估过程中的主观偏见和不公正现象的出现。科学性是指评估过程需要基于科学的方法和理论，并准确、客观地评估高校创新创业教育协同机制的运行情况。可操作性是指评估过程需要具备可操作性，即评估需采用可操作的方法和程序，保证评估工作顺利完成。可比性是指评估过程需要具备可比性，即评估需采用统一的评估标准，以便对不同高校以及不同时期的机制进行比较分析。

（二）评估原则

1. 明确的目标导向

高校创新创业教育协同机制的评估必须以明确的目标为导向。评估的目标是为了确定高校创新创业教育协同机制的有效性和可行性，进一步提升高校创新创业教育的水平。在评估过程中，必须明确目标，明确评估的范围和内容，确保评估的准确性和有效性。

2. 全面的内容覆盖

评估原则中的一个重要方面是评估内容的全面性和准确性。高校创新创业教育协同机制的评估内容必须涵盖各个方面，包括政策法规的制定和执行情况，高校的组织架构和人才培养模式，教师团队的专业能力和教学质量，学生的创新创业能力培养等。评估过程中需要详细分析和评价每个方面的情况，全面了解高校创新创业教育协同机制的运行情况。

3. 多元的评估方法

评估原则还包括评估方法的多元化。在评估过程中，可以采用定性和定量相结合的方法，既可以通过问卷调查、访谈和观察等收集各方面的数据和信息，也可以进行统计分析和比较研究，从而全面了解高校创新创业教育协同机制的实际情况和效果。同时，评估方法还应考虑实践环境和应用场景的差异性，确保评估结果的准确性。

4. 客观的反馈建议

评估原则中的最后一个方面是评估结果的应用和反馈。评估的最终目的是为了提供有益的建议和改进方法，促进高校创新创业教育协同机制的进一步完善。评估结果应该及时有效地反馈给相关部门和责任人，激励他们改进工作和解决存在的问题。同时，评估结果也可以作为规章制定和决策的参考依据，为高校创新创业教育协同机制的发展提供有力的帮助。

总之，评估原则是评估过程中的重要指导原则，它们确保评估的目标明确、内容全面、方法多元。通过遵循这些原则，我们可以更加科学有效地评估高校创新创业教育协同机制，为高校创新创业教育的发展提供有力的支持。

二、评估内容和指标

（一）确定评估内容

在确定评估内容时，我们需要全面考虑其所涉及的各个方面，并确保其与评估目的和原则相一致。

评估内容应该围绕评估目标和任务展开，以确保评估的全面性和针对性。另外，评估内容还应该包括教育机构的组织管理、师资队伍建设、教学资源配置等方面，从而全面了解高校创新创业教育协同机制的运行情况。

高校创新创业教育协同机制涉及的层次和领域较多，评估内容的确定需要覆盖到各个具体领域中的关键环节。例如，可以评估课程设置与改革、实践教学方案、创新创业实训基地建设等方面。同时，评估内容的确定还需要考虑到不同层次的高校，以保证评估的适用性和可操作性。

随着时代的发展和社会需求的变化，高校创新创业教育协同机制需要不断适应新的需求和挑战。因此，在确定评估内容时，我们还需要充分考虑创新创业教育的最新发展趋势，确保评估内容与时俱进。

总结起来，评估内容的确定需要全面考虑高校创新创业教育协同机制的目标、任务、组织管理、师资队伍建设、教学资源配置等方面，并充分覆盖具体领域的关键环节。同时，评估内容的确定还需要充分考虑高校创新创业教育协同机制的特点，确保评估的全面性。

（二）选择评估指标

在高校创新创业教育协同机制的评估中，选择合适的评估指标是十分重要的一步。

评估指标的选择应该能全面、准确地反映出高校创新创业教育协同机制的实际情况，并具有一定的可操作性。

评估指标应该涵盖高校创新创业教育协同机制的各个方面。这包括教学资源整合、师资队伍建设、学生能力培养、项目支持等各个环节。只有综合考量各个方面的指标，才能全面评估高校创新创业教育协同机制的有效性和质量。

评估指标应该具有一定的可操作性和可测量性。可操作性意味着评估指标能被具体的数据和信息所支持，而不仅是主观的描述和意见。这样才能在评估过程中减少主观性，提高评估结果的客观性和科学性。可测量性意味着评估指标能通过具体的测量方法和指标进行量化和比较。只有具备可操作性和可测量性特征的评估指标，才能更加准确地反映出高校创新创业教育协同机制的真实运行情况。

在选择评估指标时，我们还要考虑指标的权重。不同的评估指标在评估结果中所占的权重应该根据实际情况进行合理分配。有些指标可能在高校创新创业教育协同机制中更为重要，而有些指标可能相对次要。根据具体情况进行权重的合理分配，能够更加准确地反映出高校创新创业教育协同机制的整体水平。

综上所述，在评估指标的选择过程中，我们要注重综合考量、可操作性和可测量性，并根据实际情况进行权重的合理分配。只有这样，才能选择出合适的评估指标，准确评估高校创新创业教育协同机制的质量和效果，进一步推动高校创新创业教育的发展。

三、评估方法和程序

（一）选择评估方法

在高校创新创业教育协同机制的评估过程中，选择合适的评估方法是非常重要的。评估方法的选择应该与评估目的和原则相匹配，并且能够准确、全面地揭示高校创新创业教育协同机制的运行情况，为改进和优化提供依据。

我们可以选择定性和定量相结合的方法。定性方法能够通过访谈、观察和文献分析等，深入了解高校创新创业教育协同机制的实际运行情况，把握其中的优势和不足，发现问题。定量方法可以通过问卷调查、统计数据等，量化地衡量评估指标的实现程度和效果，为评估结果提供可比性和可量化的数据支持。

选择评估方法还应该充分考虑其可行性和可操作性。评估方法应该有明确的操作步骤和流程，能够提供清晰的实施指导，使评估工作具备可操作性。同时，评估方法应该考虑资源和时间的限制，选择相对简便、高效的方法，从而确保评估工作的顺利进行。

为了确保评估结果的准确性，评估方法应该具备科学性和客观性。评估方法应该建立在科学理论和方式的基础上，采用合理的抽样方法，对不同参与主体进行全面、公正的评估。评估过程应该遵循客观、公正的原则，避免主观偏见和人为干扰，确保评估结果的真实性和客观性。

总之，评估方法的选择在高校创新创业教育协同机制的评估工作中具有重要意义。通过合理选择定性与定量相结合的方法，考虑实际可行性和可操作性，我们能够获得准确、全面的评估结果，为高校创新创业教育协同机制的优化提供有力的指导。

（二）设计评估程序

评估程序的设计主要是为了确保高校创新创业教育协同机制评估过程的科学性和严谨性。

评估程序的设计应遵循客观公正的原则。评估过程中，评估者应保持中立立场，不受主观偏见和个人喜好的影响。评估程序要尽可能客观地收集、分析和解释评估数据，确保评估结果的准确性和可靠性。

评估程序的设计应具有科学性和系统性。评估者应在评估开始前明确评估目的和评估内容，并确定相应的评估标准和指标。评估程序应遵循合理的数据采集方法和评估流程，确保充分收集评估所需的信息，并保证评估过程的完整性和一致性。

在评估程序的设计过程中，应注重多维度和多角度的评估。评估者可以采用定性和定量相结合的方法，综合考虑各个评估指标的权重和重要性。同时，评估程序还应充分考虑不同参与方的意见和反馈，确保评估结果的全面性。

评估程序的设计还需要合理安排时间和资源。评估者应制定详细的时间计划和工作安排，确保评估工作按时完成。同时，评估者还需要充分利用现有的资源和技术手段，提高评估效率和准确性。评估程序还可通过开展实地调研、召开座谈会、进行问卷调查等方式，获取更多的参与者意见和反馈。

在设计评估程序时，评估者应设立相应的反馈机制。评估结果应及时向参与方反馈，并提供具体的改进建议。评估反馈可以促进高校创新创业教育协同机制的不断优化，确保评估的实效性和可持续性。

综上所述，评估程序的设计是评估高校创新创业教育协同机制的重要环节。在设计评估程序时，应遵循客观公正、科学系统、多种维度、合理安排时间和资源的原则，并设立相应的反馈机制，从而确保评估结果的准确性、可靠性和实效性。

四、评估结果的应用和反馈

（一）评估结果的应用

在评估结果的应用过程中，需要根据评估目的和原则，结合评估内容和指标，采取相应的措施来实现评估结果的有效应用。

评估结果可以为高校提供有力的依据和参考，支持决策和管理。通过对评估结果的分析和解读，高校可以对创新创业教育协同机制的优势和不足有更清晰的认识，进而制定相应的改进措施和发展策略。例如，评估结果显示创新创业教育协同机制在跨学科合作方面表现较弱，高校可以针对该问题进行专门的改进和培训，从而提升跨学科合作能力。

评估结果可以促进高校之间的相互学习和借鉴。高校可以通过对评估结果的比较，了解其他高校在创新创业教育协同机制方面的经验和方法。这有助于促进各高校之间的交流合作，推动整个群体在创新创业教育协同机制建设方面共同进步。

评估结果可以为相关方提供信息和参考。通过向相关方展示评估结果，高校可以增强其对创新创业教育协同机制的理解和认同。例如，对教职员工和学生来说，评估结果可以作为他们了解创新创业教育协同机制发展情况的重要渠道，有助于增强他们对创新创业教育的支持。

总之，评估结果的应用是推动高校创新创业教育协同机制良好发展的关键环节。通过有效应用评估结果，高校可以提升创新创业教育协同机制的质量和运行效果，实现创新创业教育的持续提高。

（二）评估反馈的获取

高校通过获取评估反馈可以了解各方对协同机制的意见，为进一步改进和完善协同机制提供有效的参考。

1. 广泛听取各方意见

这包括教师、学生、合作单位以及相关部门的意见和建议。可以通过问卷调查、座谈会、专家访谈等，广泛开展调研工作，获取多样化的反馈信息。同时，要注重保护参与者的隐私，确保反馈的真实性和客观性。

2. 科学收集有效信息

为了确保反馈数据的可靠性，应使用科学合理的调查方法和工具进行数据收集和分析。比如，可以采用定量研究方法，开展问卷调查，通过统计分析和数据处理，获取一定的量化指标。同时，也要充分利用定性研究方法，如访谈和小组讨论，获取参与者的相关意见和经验分享。

3. 协调评估指标

评估反馈所获取的信息应该与评估目的和指标进行对接，同时也可以为评估结果的应用提供参考。评估反馈的获取还可以为后续评估工作的改进提供经验，推动协同机制的不断发展。

总之，在获取评估反馈时，需要广泛听取各方的意见，关注反馈信息的有效性和准确性，注重效益的平衡，同时与其他评估环节进行协调。通过合理获取评估反馈，可以为协同机制的完善提供有力支持。

（三）反馈结果的处理

在评估高校创新创业教育协同机制的过程中，反馈结果的处理具有重要影响。它可以帮助高校更好地了解自身在创新创业教育方面的优势与不足，还可以为进一步提升创新创业教育水平提供重要的参考。

在反馈结果的处理过程中，高校应充分认识反馈结果的积极意义。反馈结果所体现的信息和数据，是对高校创新创业教育协同机制的客观评价。通过分析和评估反馈结果，高校能了解自身在创新创业教育方面存在的问题，并能及时采取针对性的措施加以改进。

在处理反馈结果时，高校应注重对问题的深入分析和细致研究。通过综合分析反馈结果中的数据，高校可以识别出创新创业教育协同机制存在的短板。在此基础上，高校需要进一步探究问题的产生原因，寻找解决问题的有效途径和方法。通过深入分析和研究，高校能有针对性地进行优化和创新。

在处理反馈结果时，高校还应注重与相关方的沟通合作。相关方包括学生、教师、企业代表等。通过与相关方的积极沟通和合作，高校可以更好地了解各方对于创新创业教育协同机制的实际需求和期望。同时，相关方的反馈和意见也可以为高校提供更加全面的反馈结果，从而更好地推动创新创业教育良好发展。

在处理反馈结果时，高校也应坚持持续改进的原则。反馈结果并不是一成不变的，它需要与时俱进地进行更新。因此，高校需要将反馈结果作为持续改进的动力，积极解决问题，不断提升创新创业教育的水平。同时，高校还要建立健全监测机制，定期对改进措施进行评估，确保机制发展的可持续性。

综上所述，反馈结果的处理是评估高校创新创业教育协同机制过程中的重要环节。高校要充分认识到反馈结果的积极意义，注重问题分析和解决，积极与相关方沟通合作，坚持持续改进的原则。通过有效处理反馈结果，高校能全面提升创新创业教育的水平，实现创新创业教育协同机制的优化发展。

第五章 高校创新创业教育协同机制的未来发展

第一节 资源共享

一、共享平台的建设与发展

（一）共享平台的建设要求

共享经济的兴起和信息技术的快速发展为高校创新创业教育资源的共享提供了机遇，高校创新创业教育资源共享平台的建设成为高校的迫切需求。

共享平台的建设要满足高校创新创业教育资源需求的多样性。随着创新创业教育的发展，不同学校、不同学科、不同专业的创新创业教育资源呈现出差异化的特点。通过共享平台的建设，可以将各校及各单位之间的资源进行整合和共享，满足不同高校及其相关学科专业的需求，提供更多元化的创新创业教育资源。

在共享平台的建设中，高校要充分利用和整合各类创新创业资源，提高资源利用效率。创新创业教育资源不仅包括知识、技能等资源，还包括实验设备、创业场地等硬件资源。通过共享平台的建设，高校可以将各类资源进行统一管理，实现共享化运作，避免资源的浪费和重复建设，提高资源利用率。

共享平台的建设还要促进高校之间的合作与交流。高校在创新创业教育资源方面的差异性往往导致资源利用的不均衡。通过共享平台的建设，高校之间可以进行资源的共享与合作，实现资源互补和优势互补。不仅能提高高校的创新创业教育水平，还可以促进高校之间的合作交流，推动创新创业教育的全面发展。

共享平台的建设也要提升高校创新创业教育的影响力和竞争力。共享平台作为一个集中整合和展示高校创新创业教育资源的平台，可以提高高校创新创业教育的对外传播力度，增强创新创业教育的影响力。同时，通过与其他高校的合作，可以提升自身在创新创业教育领域的竞争力，吸引更多人才和资源的关注。

总之，通过共享平台的建设，可以满足高校创新创业教育资源的多样性需求，提高资源利用效率，促进高校之间的合作与交流，提升高校创新创业教育的影响力和竞争力。在今后的发展中，要进一步研究共享平台的建设策略，为高校创新创业教育的发展提供更有价值的参考。

（二）共享平台的建设策略

在高校创新创业教育资源共享平台的建设过程中，制定合理的建设策略是十分重要的。

1. 注重资源整合

高校创新创业资源众多，包括各类实验室、科研场所和创业基地等，因此需要与相关部门和机构进行合作，共同打造一个集成的共享平台。这样一来，不仅能最大限度地整合资源，提升资源利用效率，还能减少资源浪费，促进创新创业教育的全面发展。

2. 注重技术支持

在当下数字化的时代，平台的建设应充分利用互联网和信息技术，搭建一个高效的信息共享和交流平台。通过网络平台的建设，可以实现线上资源共享、线上交流合作等，方便师生之间的互动，提升创新创业教育水平。

3. 注重学生需求

平台的建设应以学生为中心，根据学生的需求进行定制化开发。例如，在设计平台界面时，应简洁明了，易于操作和浏览；在提供资源服务时，应根据学生的个性化需求，提供个性化推荐和定制化服务。通过满足学生的需求，可以提高平台的使用率，促进平台的可持续发展。

4. 注重评估改进

建设共享平台是一个持续的过程，需要不断改进。通过定期评估平台的使用情况和用户反馈，了解平台的问题和不足，可以及时改进和优化。同时，要积极与学生沟通和交流，听取他们的建议和意见，不断提升平台的服务水平。

综上所述，高校创新创业教育资源共享平台的建设应注重多方合作和资源整合，技术支持与信息化建设，学生需求与体验以及评估与改进。使用合理的策略，可以更好地构建一个高效、便捷、实用的共享平台，加大创新创业教育资源的共享与利用。

（三）共享平台的建设实施

在这一阶段，需要充分考虑平台的功能需求、技术支持、合作与整合等方面的问题。

共享平台的功能需求是建设实施的基础。在确定功能需求时，需要考虑高校创新创业教育资源的特点和需求。例如，平台应该具备资源管理和分享功能，让各高校之间能够方便地共享创新创业教育资源。此外，还应该考虑教学支持、项目管理、师生互动等方面的功能需求。基于这些需求，可以采取系统分析、需求调研等方法，明确平台的功能要求，并进行功能模块的划分和设计。

技术支持是共享平台建设实施的重要保障。共享平台的建设离不开先进的信息技术支持。在选择技术方案时，可以采用云计算、大数据、人工智能等技术，实现共享资源的高效管理和提供个性化服务。同时还需要考虑平台的可扩展性和安全性，确保平台能够适应未来的发展需求，并能保护资源的安全。

合作与整合是共享平台建设实施的关键。共享平台的建设涉及多个高校之间的合作与协调。在建设实施过程中，可以借鉴先进的合作模式，如联盟、网络、组织等，促进高校之间的合作交流与资源共享。此外，还需要积极整合高校内部的创新创业资源，包括教职员工专业知识、实践经验、创业项目等，形成更丰富的共享资源，提升平台的价值。

建设实施过程还要始终关注共享平台的发展趋势。随着时代的发展和科技的进步，共享经济、数字教育等对共享平台的建设提出了更高的要求。因此，在建设实施过程中，应持续关注和学习最新的发展模式，及时调整和优化建设策略，从而适应未来发展的需要。

总之，共享平台的建设实施涉及功能需求、技术支持、合作整合等多个方面。在这个过程中，需要充分了解高校创新创业教育资源的特点和需求，选择科学的技术方案，注重合作，以及不断关注发展趋势。这样才能真正实现高校创新创业教育资源的共享与利用，推动创新创业教育的发展。

（四）共享平台的发展趋势

在数字技术的推动下，高校创新创业教育资源共享平台面临着新的发展机遇和挑战。

一是数据驱动和智能化发展。随着大数据和人工智能技术的提高，共享平台将会通过数据的采集、分析与挖掘，为学生提供个性化的创新创业资源推荐和服务。同时，共享平台也能通过数据分析预测创新创业趋势，为高校提供决策支持。

二是多维度合作与融合。共享平台将会与其他创新创业相关的平台、机构和企业进行紧密合作与融合，实现资源的共享与互通。这种合作与融合不仅是资源的整合，更是知识与经验的交流分享，可以推动创新创业教育的全面发展。

三是国际化发展。随着全球创新创业教育的发展，越来越多的国际化资源涌入共享平台。共享平台将积极引进国外优质的创新创业教育资源，通过国际交流与合作，提升本国高校的创新创业教育水平，培养具有国际竞争能力的创业人才。

四是开放与包容的发展。共享平台将不断开放自身资源，吸纳更多的高校、企业、社会组织等加入，共同推动共享平台的发展。同时，共享平台也将跨学科、跨领域、跨行业，打破边界，实现资源的共享与利用，为创新创业教育提供更加多样化的支持。

综上所述，高校创新创业教育资源共享平台将在不断的创新中，为高校创新创业教育事业的良好发展做出更大的贡献。

二、创新创业资源的共享与合作

（一）共享模式

创新创业资源的共享促进了资源的高效利用和互助合作。在构建高校创新创业教育资源共享平台的过程中，共享模式具有积极作用。

1. 资源的集中管理

创业孵化器作为集成化的创新创业服务平台，能为创业者提供办公空间、技术支持、市场推广等资源，创造一个良好的创新创业环境。在共享模式下，创新创业资源可以通过孵化器进行整合和统一管理，使资源的分配更加公平高效。创业者也可以通过孵化器获得更多的资源支持，提高创业成功率。

2. 合作共建资源库

合作共建资源库是一种集中存储和管理创新创业资源的平台，包括专利、技术、人才、资金等方面的资源。不同高校、科研机构和企业可以将自身的创新创业资源放入资源库，其他单位可以通过申请共享资源来获得支持。这种共享模式有效打破了资源的界限，使得各方资源可以得到更加广泛的利用，提高了资源的利用率。

3. 建立合作伙伴关系

不同高校、科研机构和企业之间可以建立合作伙伴关系，共同开展创新创业教育和项目孵化等工作。在合作过程中，各方可以共享自身的创新创业资源，互相支持和补充，实现资源的优势互补。通过合作，可以促进创新创业资源的跨界融合，提高资源的利用效益。

总的来说，创新创业资源的共享模式可以通过创业孵化器、合作共建资源库和互相合作等方式实现。这些共享模式促进了创新创业资源的整合和共享，提高了资源的利用效益。高校创新创业教育资源共享平台的建设，需要进一步完善共享模式，提高资源的可获得性和共享效率，为创新创业教育的发展提供支持。

（二）合作机制

在高校创新创业教育方面，资源的共享与合作是实现资源有效利用和协同发展的关键环节。创新创业资源合作机制的建立和运行，不仅有助于提高资源利用效率，还能促进创新创业的良性循环和持续发展。

其一，需要完善相应的组织框架。高校可以设立专门的创新创业资源共享与合作机构，负责协调和整合各类创新创业资源。该机构可以由多个部门、学院或教育研究机构组成，确保资源共享的全面性和专业性。在这个框架下，各单位可以共同制定资源共享的相关规章制度，明确资源的归属和使用权限，保证资源共享的科学性。

其二，应该建立多方协作的合作网络。除了高校之间的资源合作，还可以与企业、相关部门、科研院所等建立良好的合作关系。通过与不同方面的合作，可以扩大创新创业资源的来源渠道，拓展资源合作的范围，实现资源共享的多元化。

其三，在资源合作过程中，重要的是建立有效的共享平台。通过建设创新创业资源共享平台，可以实现资源的在线共享。这样的平台可以提供资源发布、资源查询、资源交易等服务，使资源的共享更加便捷高效。同时，平台的建设也需要注意保护知识产权和保护个人隐私，确保资源共享的安全性和合法性。

其四，创新创业资源的合作也需要明确资源协同的目标和分配机制。在合作过程中，各方要明确合作目标，确保资源合作的价值和效益。同时，还需要制定合理的资源分配机制，激励各方积极参与合作。例如，通过项目合作、知识产权分享、资源交换等方式来分配合作带来的效益，可以推动资源共享与合作的可持续发展。

（三）影响因素

在构建高校创新创业教育资源共享平台并促进资源共享的过程中，存在着各种影响因素，这些因素既有内部的组织与管理因素，也有外部的环境与合作因素。

1. 内部的组织与管理因素

高校创新创业教育资源共享平台的建设与管理需要具备合理的组织架构和科学的管理机制。合理的组织架构能确保资源在平台内得到合理的分配和利用。科学的管理机制能提高资源共享的效率和水平。同时，高校内部的管理理念、文化氛围以及人才培养模式也会对创新创业资源共享产生积极或消极的影响。

2. 外部的环境与合作因素

创新创业资源共享的外部环境包括政策法规、市场需求、产业发展等。政策法规的支持能够营造更加有利的创新创业环境，鼓励高校间实现资源共享。市场需求的变化会影响高校资源的共享方向，并激发创新创业的热情。产业发展的态势对资源共享的影响也不容忽视。此外，高校之间的合作关系以及与企业、社会组织等外部机构的合作，也会在资源共享与合作中起到重要作用。合作的方式、机制以及合作伙伴的选择都会对资源共享的效果产生直接影响。

3. 社会文化因素

社会文化环境对于资源共享的接受度、理念认同以及文化观念的差异等方面都具有重要影响。创新创业资源共享需要融入社会文化环境并得到广泛认可，才能取得更好的效果。

综上所述，了解并处理好这些影响因素是构建高效的创新创业资源共享体系的关键。只有在这些因素的共同作用下，高校创新创业资源共享平台才能充分发挥作用，促进创新创业教育的进一步发展。

（四）积极作用

资源合作作为高校创新创业教育资源共享平台的重要组成部分，具有重要的作用。

资源合作可以实现资源的优化配置和互补。在资源合作过程中，不同高校或机构可以共享各自的创新创业资源，如实验室设备、科技人才、创新项目等。通过联合使用这些资源，可以最大程度优化资源配置，减少浪费，提高资源的**利用率**。同时，不同高校的资源存在差异，通过合作可以实现资源互补，互相补充不足，**形成资源优势**的互补效应。

资源合作能够提高创新创业项目的成功率。在创新创业过程中，**项目**的成功与否往往依赖资源的支持和协同。当不同高校或机构之间进行资源合作时，**可以**集合更多的专业知识、技术支持和相关资源，提高项目的实施能力和成功率。**此外**，资源合作还有助于减少项目的风险，在合作伙伴之间共同分担风险，提高创业项目**的**可持续性。

资源合作可以促进创新创业文化的传播和交流。不同高校或机构具有不同的创新创业文化，通过资源合作可以实现文化的传播。合作的过程中，可以**分享**成功的经验和教训，还可以组织创新创业相关的研讨会、研讨班等，促进师生之间**的**交流与合作，培养创新创业的良好氛围。这种文化的传播和交流对于创新创业的长期**发展**至关重要。

资源合作有助于提升高校的创新创业教育实力和声誉。通过资源**合作**，高校可以聚集全球范围内的优质资源，提升自身的创新创业教育水平和竞争力。**优质**的创新创业项目和成果能够吸引更多的合作伙伴和投资者，进一步推动创新创业**教育**的发展和资源共享。同时，资源合作还能提升高校的影响力和声誉，在创新创**业**领域树立良好的形象，吸引更多的人才和资源向高校聚集。

总之，创新创业资源合作具有优化资源配置、提高项目成功率、**促进文化传播**和提升实力声誉等优势。在高校创新创业教育资源共享平台的建设过程**中**，应充分发挥这些优势，积极推动资源合作的深入开展。

三、创新创业教育资源的共享与利用

（一）教育资源的共享方式

共享方式的选择既要满足资源提供方的需求，也要兼顾资源利用方的实际情况，以实现共享效果的最大化。

1. 线上线下结合

线上共享能够突破地域限制，让更多人获取和利用资源。通过将**教学资料**、课程内容等数字化，可以方便地在平台上共享和下载。同时，通过线上平台也可以实现教师之间的交流与分享，促进资源的跨学科、跨专业共享。

2. 合作与交流

高校可以与企业、科研机构等建立合作关系，共同利用各自的资源，促进资源共享。例如，高校可以与企业合作建设创新创业实践基地，让学生获得**更**多真实场景的实践机会；与科研机构合作，开展创新创业科技宣传和培训活动，让学生深入了解相关技术。

3. 共建共享平台

高校可以建立自己的资源共享平台，供全校师生上传和下载资源。这样既方便教师共享教学资料和教学经验，也方便学生获取学习资料和学术资源。同时，还可以通过与其他高校的资源共享平台进行对接，实现资源的互联互通。

值得注意的是，教育资源的共享需要综合考虑各方面因素。在选择共享方式时，需要充分调研和了解不同的资源提供方和利用方的需求，用多种方式满足多样化需求。同时，还需要考虑资源保护和版权问题，确保共享的合法合规。

（二）教育资源的利用策略

在教育资源的利用过程中，合理规划资源的使用是非常重要的。高校通过精心设计课程安排和内容，将创新创业教育资源融入到学生的日常学习中。例如，可以将实际案例、行业动态、创新方法等纳入教学内容，培养学生的创新意识和创业能力。同时，还可以组织专家讲座、企业参观等实践活动，使学生能接触到真实的创业环境，丰富学习的实用性。

合作与共享是教育资源利用的重要策略。高校之间可以开展资源共享的合作，通过建立联盟或合作机制，分享各自的教育资源。例如，可以建立高校创新创业教育资源共享平台，将各校的优质课程、教材、教学设计等资源进行整合和共享。同时，在与企业的合作中，可以共同建设创新创业实践基地，实现校企合作，为学生提供更多实践机会和资源支持。

创新教育方法的应用也是教育资源利用的合理策略。在利用教育资源时，高校可以采用创新的教育方法和手段，提高学生的学习效果和创新创业能力。例如，可以运用案例教学、合作学习、远程教育等方式，培养学生的独立思考能力和团队合作精神。同时，通过信息化技术的应用，可以将教育资源进行数字化、互联网化，从而提供更灵活、便捷的学习途径和资源获取方式。

教育资源的有效利用还需注重评估和反馈。高校应建立健全资源利用评估体系，及时了解学生的学习情况和需求，对教育资源的质量进行评估和改进。同时，学生的反馈和意见也应被充分重视，对资源利用进行不断优化。

因此，教育资源的利用策略直接关系到高校创新创业教育的水平。通过合理规划和组织、合作与共享、评估和反馈，高校可以充分利用教育资源，为学生提供全面、多样化的创新创业教育支持。

（三）教育资源共享的制约因素

在高校创新创业教育资源共享的过程中，存在一些制约因素，阻碍了资源的充分共享和利用。这些制约因素涉及技术、政策、管理等多个方面。

1. 技术方面

高校创新创业教育资源共享平台需要具备先进的技术支持，包括网络技术、数据管理技术等。然而，在现实中，很多高校在技术方面存在不足，无法提供稳定、安全、高效的资源共享平台。这给资源共享带来了一定的局限性，限制了资源充分利用的可能性。

2. 政策方面

高校创新创业教育资源共享需要有相应的政策支持和规范，并且需要与相关规定保持一致。然而，目前的情况是，有些政策在制定时没有充分考虑资源共享的需要，缺乏明确的指导和支持。这导致一些高校的创新创业教育资源共享项目无法顺利推进，资源流动性不够灵活。

3. 管理方面

高校创新创业教育资源的共享需要有效的管理机制来保证资源的有效利用。然而，目前的管理机制还存在一些问题，如资源共享平台的运营管理不完善、资源调配不均衡等。这些问题限制了资源的充分利用，也让资源共享的效果不尽如人意。

4. 观念方面

在高校创新创业教育资源共享方面，需要各方的共同努力和积极参与。然而，在现实中，由于不同高校、不同学科、不同学院之间的文化差异和意识观念不同，存在一定的障碍。这使资源共享的推进过程变得困难，阻碍了资源的充分利用。

综上所述，高校创新创业教育资源的共享与利用受到多方面因素的制约。技术、政策、管理以及观念等方面的问题需要得到解决，才能实现资源的充分共享和利用。通过不断努力，建立健全共享机制，打破种种制约因素的限制，才能让高校创新创业教育资源真正发挥其作用。

（四）教育资源利用的效果评估

在实践中，评估创新创业教育资源的利用效果十分重要，可以为进一步优化资源配置和教学改进提供决策依据。

教育资源的利用效果评估需要建立科学的评价指标体系。通过设定合理的指标，可以对教育资源的利用效果进行有效地定量评估。例如，可以从学生的创新创业能力、项目成果的产出、项目的可持续发展等方面进行评估。此外，还可以考虑教师对教育资源的使用情况，以及学生对资源利用的反馈意见等，全面评估资源利用的效果。

教育资源的利用效果评估需要运用合适的方法和工具。为了保证评估的客观性和准确性，可以结合定量和定性的研究方法，采用问卷调查、个案分析、访谈等方式收集数据。同时，也可以借助数据分析工具和模型进行定量分析，以便更好地掌握资源利用的效果和影响因素。

教育资源利用的效果评估还需要充分考虑实际情况和相关方的需求。不同的高校和创业项目可能具有不同的特点和目标，因此评估的重点和方法也会有所区别。在评估过程中，需要与教师、学生和企业等相关方保持良好的沟通，了解他们对教育资源利用效果的期望和需求，以便更好地设计评估方案和提供有针对性的改进建议。

教育资源利用的效果评估是一个持续的过程。随着时间的推移和教育环境的变化，资源利用的效果也会发生变化。因此，我们需要建立长期的评估机制，定期对教育资源的利用效果进行评估，并及时改进和调整，为创新创业教育提供更好的支持和服务。

第二节　项目驱动

一、项目驱动的概念及理论基础

（一）项目驱动的定义及特点

项目驱动作为一种教育模式，在高校创新创业教育中扮演着重要角色。它将学生组织成小组，参与解决实际问题或完成真实项目，从而促进学生的综合能力提升和实践能力培养。

项目驱动强调学生主动参与和合作学习。这种教学模式注重学生的参与度，通过在小组内协作完成项目，使学生能探索实践，发挥自己的创造力和解决问题的能力。学生在项目中扮演不同的角色，分工协作，共同完成任务，互相学习和促进。这种合作学习的方式有助于培养学生的团队合作精神和沟通协调能力。

项目驱动注重跨学科融合和知识应用。在项目驱动教育中，学生需要运用不同学科的知识和技能来解决问题。例如，在一个科技创新项目中，学生可能需要运用数学、物理、计算机等多个学科的知识来设计一个新的产品。这种跨学科的融合不仅扩展了学生的学科知识领域，还培养了他们的综合运用能力和创新能力。

项目驱动注重问题导向。项目驱动的教学过程是围绕解决实际问题展开的，学生需要通过调查研究、分析问题，提出解决方案。这种问题导向的学习方式有利于激发学生的学习兴趣和主动性，培养他们解决实际问题的能力。

项目驱动注重实践应用。项目驱动教学的核心是将学习与实践相结合，通过实践来加深对知识的理解和应用。学生在项目中可以亲身体验和实践所学知识，掌握实际操作的技能，为将来的职业发展做好准备。

（二）项目驱动的理论基础

项目驱动作为一种在高校创新创业教育中被广泛应用的教学方法，相关基础的指导具有重要意义。项目驱动的理论基础主要包括学习理论、认知理论和建构主义理论等。

学习理论对项目驱动教学具有重要指导作用。学习理论认为学习是一种主动探索的过程，通过实践和体验，学生能更加深入地理解和掌握知识。项目驱动强调学生在项目实践中积极参与、探索实践，从而促进学生对所学知识的理解与应用。

认知理论也为项目驱动提供了支持。认知理论强调个体在学习过程中通过主动构建、解决问题的方式来获得知识。项目驱动的设计目标也是为了培养学生的主动学习能力，通过项目实践中的问题解决过程，激发学生的思考和创新能力。认知理论的建构过程和思维模式为项目驱动的实施提供了指导。

建构主义理论对项目驱动也起到了重要的指导作用。建构主义理论认为知识是个体在社会交往与实践中建构的结果，强调学生在完成项目任务中通过与他人的合作与交流，实现知识共建与知识传递。项目驱动的教学环境营造了合作共建的氛围，学生在项目中通过小组合作等形式增强了交流与合作能力，从而更好地理解和掌握所学知识。

（三）项目驱动的类型及应用

在高校创新创业教育中，项目驱动作为一种重要的教学方法和实践策略，具有多种类型和广泛应用的特点。

基于学科的项目驱动是一种常见的类型。这种类型的项目驱动将学科的理论与实践相结合，通过设计和实施具体学科相关的项目任务，促使学生运用所学知识进行实践。例如，在计算机科学领域，可以设置一个项目任务，要求学生利用所学的编程技术开发一个特定功能的软件系统。通过参与项目任务，并在实践中解决实际问题，学生不仅能巩固和应用所学的理论知识，还能培养解决问题的能力和团队协作能力。

跨学科的项目驱动是另一种常见的类型。这种类型的项目驱动要求学生跨学科合作，将不同学科领域的知识和技能结合起来，解决复杂问题。例如，在创新设计领域，可以组织学生团队设计一个可持续发展的城市方案，这就需要学生从城市规划、环境科学、社会学等不同学科角度出发，合作完成项目任务。通过跨学科合作，学生能拓宽视野，学习和应用多个学科领域的知识，培养跨学科思维和创新能力。

社会实践项目驱动也是一种重要的类型。这种类型的项目驱动强调将学习与社会实践结合起来，通过参与实际项目，培养学生的实践能力和社会责任感。例如，可以组织学生团队开展一个社会公益项目，旨在解决某一社会问题。通过参与这样的项目，学生能了解社会需求和问题，学习如何应对挑战并做出积极的改变。社会实践项目驱动不仅培养学生的实践能力，还有助于学生树立正确的价值观。

二、项目驱动在高校创新创业教育中的作用

（一）项目驱动与创新创业教育的结合

项目驱动作为一种教学方法或者教学模式，已经被广泛应用于高校创新创业教育

中。将学生置身于实际项目中，引导学生主动参与问题解决过程，可以提高学生的实践能力和创新能力。项目驱动的核心理念是将理论与实践结合起来，将学生从被动接受知识的状态中解放出来，激发学生的创新思维和创业意识。

1. 提供实践机会

在很多的课堂教学中，学生通常只是被动地接受书本知识，缺乏实际操作的机会。而通过项目驱动，学生可以参与项目的策划、实施和评估过程，从而真正接触到创新创业的实践环境。在项目的实施过程中，学生需要运用所学知识解决实际问题，培养了解决问题的能力和实践动手的能力。

2. 培养创新能力

创新是创业的基础，也是企业成功的关键因素。使用项目驱动的教学方法，学生需要不断思考和探索，寻找新的解决方案。在项目的实施过程中，学生需要不断尝试和调整，锻炼了他们的创新思维和创新能力。项目驱动的教学方法还可以激发学生的创新潜能，培养他们的创新意识。

3. 培养合作能力

在项目的实施过程中，学生通常需要组成团队，共同完成项目的各个任务。通过团队合作，学生可以学会与他人沟通、协调分工、解决团队内部冲突等，同时也可以培养学生的领导力和沟通能力。这些都是创新创业过程中必备的能力。项目驱动的教学方法可以为学生提供一个锻炼团队合作能力的平台，为他们未来的创业奠定坚实的基础。

（二）项目驱动在高校创新创业教育中的应用

项目驱动作为一种重要的教育方式，对高校创新创业教育起到了积极的促进作用。

通过项目驱动，可以将理论与实践相结合，使学生能在具体的项目实践中灵活运用所学知识，提升实际操作能力。例如，在某高校的创新创业课程中，学生通过参与项目活动，学会了市场调研、竞品分析、产品设计等技能，这对他们日后的创业实践起到了重要的促进作用。

项目驱动能培养学生的团队协作和创新能力。在项目实践中，学生需要与团队成员共同努力，分工协作、解决问题，培养了团队合作的意识和技巧。同时，项目驱动鼓励学生具备创新思维和创业精神。通过项目实践，学生能面对实际问题，思考解决方案，并付诸实践，培养了他们的创业意识。例如，在创新创业项目中，学生通过大胆尝试新产品、新商业模式，不断创新，取得了很好的成果。

项目驱动培养了学生的实践能力和创新能力，提高了他们对创新创业的理解和兴趣。通过项目的实践锤炼，学生能更好地适应未来的创业环境，具备创业的基本素养和能力。另外，项目驱动也能促进学生的个人成长和职业发展。在项目实践的过程中，学生不仅积累实践经验，还能明确自己的兴趣和目标，为未来的职业规划提供帮助。

因此，在高校创新创业教育中，应充分发挥项目驱动的作用，构建相应的教育机制，实现更好的教育效果。

（三）项目驱动对高校创新创业教育的影响

在项目驱动的实践中，学生将面临真实的问题和挑战，需要运用专业知识和技能来解决和创新。这使学生能锻炼自己的分析、解决问题的能力，并有助于他们在实践中积累实用经验。项目驱动激发了学生的主动性和创造力，培养了他们的创新思维和创业精神。

项目驱动还促进了跨学科的合作与交流。在项目驱动的过程中，来自不同专业的学生将会合作解决问题，这将促进他们的学科交叉合作和团队合作能力的培养。通过与他人合作，学生可以互相学习和借鉴，从不同领域的专业知识中吸收灵感。这种合作与交流的机制能促进学生的综合素质提升。

项目驱动还能培养学生的实践能力和职业素养。在项目驱动的实践中，学生需要参与真实的项目，了解项目管理的方法和技巧，学习如何与他人进行有效的沟通和协作。通过实践活动，学生可以将理论知识运用到实践中，提高自己的实践能力。项目驱动也可以为学生提供与企业合作的机会，让他们更好地了解市场需求和企业运营情况，提升自己的职业素养和就业竞争力。

三、项目驱动下的协同机制构建

（一）理论基础

为了构建有效的项目驱动下的创新创业教育协同机制，必须有科学的理论作为指导。

协同机制的理论基础应包括项目驱动的相关概念和原理。项目驱动是一种教育模式，它将学生的学习与实践相结合，通过参与真实的项目活动，培养学生的创新创业能力。项目驱动的关键在于培养学生的问题解决能力和团队合作意识，通过项目的实际操作，让学生了解创新创业的过程和挑战。

协同机制的理论基础应涵盖相关者的角色和职责。在项目驱动的创新创业教育中，不仅是教师和学生参与，还需要校外的企业、社会组织等的参与。相关者应明确自己的角色和职责，并建立有效的沟通与协作机制，从而实现教育目标和共同进步。

协同机制的构建还应考虑教育资源的整合与共享。在项目驱动的创新创业教育中，各个学科、学院之间的资源应进行整合与共享，从而提供全面的教育资源支持。例如，不同学院的教师可以组建跨学科的团队，共同指导学生的项目活动。同时，还可以利用校外的企业资源，提供更多的项目实践机会。

协同机制的构建还应强调持续的评估与改进。项目驱动的创新创业教育是一个不断发展和改进的过程，需要进行持续的评估和反馈。通过定期的评估，可以了解学生的学习成果，及时调整教学策略和协同机制，提高教育水平和学生的创新创业能力。

（二）关键要素

1. 明确目标任务

在创新创业教育中，目标与任务应该与学生的综合能力培养和实际创新实践相结合。例如，可以设立具体的项目目标，如团队合作能力的提升、创新能力的培养等，同时明确学生在项目中所承担的任务，如团队分工、项目进度等。通过明确的目标与任务，可以引导学生在项目中形成共同的方向，提升学生的主动性。

2. 明确协作方式

在项目驱动下的创新创业教育中，学生通常组成小组或团队进行合作。因此，协同机制需要明确沟通与协作的方式。可以利用现代信息技术手段，如在线平台、团队协作软件等，实现协同工作的高效进行。此外，还应营造良好的沟通氛围，鼓励学生积极交流、分享经验，促进彼此的成长。

3. 有效的组织与管理

在创新创业教育过程中，学生通常需要自主组织、安排项目工作，并承担相应的管理责任。因此，协同机制需要明确学生在项目中的角色和职责，制定相关的管理规定和流程。可以制定项目计划，以及建立有效的监督与评估机制，确保项目的顺利进行和高质量完成。

4. 培养学生的创新思维

在项目驱动下的创新创业教育中，学生通常需要面对各种挑战和问题，而这些问题往往需要具备创新思维和团队合作能力才能解决。因此，协同机制应注重培养学生的创新精神，引导他们勇于探索和尝试，在解决问题的过程中培养他们的批判性思维和创造力。同时，也需要重视团队合作能力的培养，通过协作项目，培养学生的沟通协作能力、团队合作能力和决策能力。

第三节　多元合作

一、高校与企业的合作

（一）理论基础

教育学、社会学等相关理论不仅为合作模式的建立提供了指导和支撑，也是推动高校与企业合作不断发展的基础。

首先，高校与企业合作可以从教育理论的角度进行分析。教育理论将教育视为一个系统，强调学校和企业作为两个子系统之间的相互作用。这种理论观点认为，高校和企业的合作模式的建立要基于教育资源的共享和互补，通过共同的教育目标和价值观来促进学生的创新创业能力的提高。

其次，高校与企业合作可以从创新创业理论的角度来梳理。创新创业教育的核心是培养学生的创新思维和能力，高校与企业的合作正是为了实现这一目标。创新创业理论强调创业者的环境敏感性和市场导向性，高校与企业需要在此基础上建立双方的合作机制，提供给学生实践和创业的机会。

再次，高校与企业合作可以从社会学的角度来研究。社会学强调社会组织和制度的相互作用，高校与企业合作也是社会组织的一种形式。社会学理论认为，高校与企业合作的关系是一个互动的过程，需要建立在合作的基础上，通过资源的共享和协同来实现双方的共同进步。

（二）合作模式

1. 根据合作主体划分

根据合作主体的密切程度，可以将高校与企业的合作模式分为战略合作模式和项目合作模式。战略合作模式强调双方在长期发展战略、教育理念和创新创业教育方向上的共识。通过建立长期稳定的合作关系，高校与企业可以共同制定创新创业教育的实施计划和目标，并互相支持和促进创新创业教育的发展。项目合作模式则注重具体的项目合作，双方可以针对某一具体项目进行合作，共同承担项目研究、实施、评估等工作，并通过项目的实施来促进创新创业教育的发展。

2. 根据合作内容划分

根据合作内容或领域的不同，可以将高校与企业的合作模式分为科研合作模式和实践合作模式。科研合作模式强调双方在科学研究方面的合作，通过共同开展科研项目、科研成果转化等，推动高校和企业在技术创新、产品研发等方面的合作。实践合作模式则注重双方在实践教学、实习实训、创业实践等方面的合作。通过共同组织创业实践活动、开展校企合作实习等，将高校的教学资源与企业的实际需求有机结合，提升学生的实践能力。

3. 根据合作形式划分

根据合作形式和目标的不同，可以将高校与企业的合作模式分为交流合作模式和资源共享合作模式。交流合作模式强调双方的交流与分享，通过学术研讨会、创业大赛、企业导师制度等，促进师生与企业人员之间的交流，借鉴企业创业经验，提升高校创新创业教育水平。资源共享合作模式则强调双方共享资源与优势，通过建立共享实验室、共同利用设施设备等，充分利用双方的资源，降低成本，提升效益。

（三）优势和劣势

一是能充分利用高校和企业各自的资源和优势，实现资源共享和优势互补。高校作为知识和人才的源泉，拥有丰富的学术研究和教育资源，而企业则具备市场需求和实践经验。通过合作模式，高校可以将自身的优势转化为实际价值，为企业提供专业知识和技术支持，而企业则能够为高校提供实践平台和资源支持，实现双方的共赢。

二是能够促进教育和产业的融合，提高教育教学的实效性和创新性。通过与企业合作，高校能够更好地了解市场需求和行业变化，有效调整教育内容和课程设置，提升人才培养的质量和适应性。与此同时，企业也能从合作中获得具备实践能力和创新思维的高素质人才，满足企业的发展需求。

三是在实施过程中可能面临合作伙伴关系不平衡的问题。高校通常具备较强的学术实力和资源，而企业则在经济实力和市场影响力上更占优势。因此，在合作过程中，高校需保持独立和公正的态度，明确合作目标和权益，确保双方利益的平衡和合理分配。

四是合作的持续进行需要科学的沟通和协调机制。合作双方在合作模式的选择、实施和评估过程中需要进行充分的沟通和协商。特别是在合作目标、合作方式、资源共享等方面需要达成共识，确保合作的顺利进行和取得实效。

（四）实践与应用

首先，实践与应用需要建立在充分理解和信任的基础上。高校和企业之间的合作不能仅停留在口头承诺上，而是要通过实际行动来展现双方的诚意和决心。这可以通过共同开展项目研究，共享资源和设备，共同培养人才等途径实现。例如，双方通过建立合作实验室，共同研发产品，并互相共享研发过程中的资源和经验。这种实践模式能加强双方的合作，还能为学生提供实践机会，培养创新创业能力。

其次，在实践与应用中，双方需要明确各自的角色和责任。高校作为教育机构，应该承担起培养创新创业人才的责任，提供相关的培训和课程。而企业作为实际创业行业的代表，应该提供实践机会和资源支持。这种明确的分工和责任分担可以避免合作过程中的冲突或摩擦，并且更有利于合作的顺利进行。例如，高校负责为学生提供理论课程和实践指导，而企业则提供创业实践的平台和资源支持。这种角色分工明确的合作模式能更好地发挥双方的优势，促进合作的成功。

再次，实践与应用还需要不断总结和反思，以便进一步完善和优化。在合作过程中，双方可以通过定期的评价和评估会议来及时发现问题和解决问题。这样的持续改进机制可以让合作模式不断适应变化的需求和环境，并且提高合作的效果。例如，双方定期举行项目评估会议，共同分享经验和反思工作过程。通过这样的机制，不断优化和完善合作模式，达到更好的效果。

二、高校与社会组织的合作

（一）理论基础

高校与社会组织的合作基于社会组织理论。社会组织理论强调社会组织在社会活动中的重要作用，强调其起到的调节、整合和促进等方面的作用。合作模式需要借鉴社会组织理论，从中获得对协同机制的深入理解和认识，以便构建合作模式。

高校与社会组织的合作也与知识转移与流动的理论密切相关。知识转移与流动的理论强调知识在不同主体之间的迁移、共享和应用。在创新创业教育协同机制中，高校和社会组织要进行有效的合作，需要实现知识的有序转移和流动。因此，合作模式的构建需要参考知识转移与流动的理论，以便更好地促进双方之间知识的共享和应用。

高校与社会组织的合作还与社会资本理论相关。社会资本理论强调社会关系、社会网络和社会信任等因素对合作关系的影响。在创新创业教育协同机制中，高校与社会组织的合作需要建立和维护良好的社会关系和社会网络，提高彼此之间的信任度。因此，在构建合作模式时，需要借鉴社会资本理论，以便更好地理解和运用社会网络等要素。

（二）合作模式

1. 按合作方式划分

根据高校与社会组织之间合作的不同方式，可以将合作模式分为直接合作模式和间接合作模式。直接合作模式指的就是高校与社会组织直接合作，例如共同举办创业大赛、联合开发创新项目等。间接合作模式则是双方通过中介机构进行合作，例如高校与社会组织共同委托一个第三方机构来促进创新创业教育的发展。

2. 按合作内容划分

根据高校与社会组织合作的具体内容，可以将合作模式分为教育合作模式、研究合作模式和服务合作模式。教育合作模式主要包括双方共同开展创新创业课程，互派教师进行教学交流等；研究合作模式侧重于高校与社会组织共同开展科学研究、技术开发等；服务合作模式则主要是双方共同开展社会服务活动，例如为创业者提供咨询服务，为企业提供创新支持等。

3. 按资源共享程度划分

根据高校与社会组织之间资源共享的程度，可以将合作模式分为全面合作模式和有限合作模式。全面合作模式指的是高校与社会组织共享各方面的资源，例如共同利用实验室设备，共同制定人才培养计划等；有限合作模式则是针对特定的合作项目进行资源共享，例如仅在某个创业项目上进行合作。

（三）优势和劣势

在高校与社会组织的合作中，不同的合作方式各有其优缺点。以下针对几种典型的合作模式进行分析。

1. 基于项目的合作

这种模式通过具体的项目来促进高校和社会组织间达成合作。其优点在于可以形成紧密的合作关系，通过明确合作项目的具体目标和任务，双方可以更好地协同工作。此外，项目合作模式对于资源的共享和整合也非常有利。然而，这种合作模式在项目周期结束后可能会出现合作关系的中断，难以形成长期稳定的合作机制。

2. 基于平台的合作

在这种模式下，高校和社会组织共同建立合作平台，通过平台来促进双方的合作。这种合作模式的优点在于可以提供一个稳定的合作环境，促进合作双方的资源整合和共享。此外，通过平台的建立，可以形成更广泛的合作网络，吸引更多的社会组织参与到合作中来。然而，平台合作模式也存在一些缺点，例如合作平台的管理和运营需要较大的成本和人力投入。

3. 基于课堂教学的合作

在高校与社会组织的合作中，教学活动是一种有效的合作内容。通过将社会组织的资源和实践经验引入课堂教学，可以增强学生的实践能力和创新能力。这种合作模式的优点在于可以将理论知识与实际应用相结合，使学生更好地掌握知识并在实践中加以应用。然而，由于教学内容和教学进度的限制，这种合作模式可能无法涵盖所有的合作领域，有一定的局限性。

4. 基于示范基地的合作

高校与社会组织可以共同建立创新创业示范基地，通过基地的运作来促进合作。这种合作模式的优点在于示范基地可以提供一个具体的实践平台，供高校师生和社会组织共同参与实践活动。基地的建设和运营可以吸引更多的人才和资源参与进来，形成创新创业教育的良好氛围。然而，基地的建设和运营需要高校和社会组织加强协同，对双方的管理和配合提出了较高的要求。

（四）实践与应用

在高校与社会组织的合作过程中，实践与应用是非常重要的环节。

高校与社会组织合作，其中最重要的一点是将理论与实践相结合。高校在教学与研究过程中积累了丰富的理论知识，而社会组织则具有丰富的实践经验。双方的合作可以促进理论和实践的有效融合，为创新创业教育提供有力的支持和保障。

高校与社会组织的合作模式的创新有助于提升合作效果。例如，在项目合作方面，可以采用项目组合模式，将高校的专业知识和社会组织的实践经验相结合，通过共同创新解决问题。此外，可以尝试开展跨学科合作，将不同学科的专家以及社会组织的相关人员汇聚在一起，组成高效的合作团队，共同推动创新创业教育的发展。

通过对实践经验进行评估和总结，可以发现问题、挖掘潜力，并进一步优化合作模式。高校和社会组织可以借鉴其他成功的合作案例，评估其可行性，并对合作模式进行适当的调整和创新。同时，在实践过程中，高校和社会组织应该保持密切的交流与沟通，不断进行反馈和调整，确保合作模式能够持续改善和发展。

合作平台是高校与社会组织合作的重要基础，提升了双方合作的便利性和高效性。合作平台应该提供便捷的信息交流与资源共享的渠道，帮助双方建立紧密的合作关系。此外，还应加强资源整合，通过共享教育资源、专业人才、科研成果等，优化合作资源配置，提升整体合作效果。

参考文献

[1] 梅伟惠. 高校创业教育的组织模式与运行机制创新研究 [M]. 杭州：浙江大学出版社，2020.

[2] 樊增广，张国峰，高云. 转型发展高校创新创业教育的层次维度及其监测评价 [M]. 沈阳：辽宁人民出版社，2020.

[3] 李喆. 地方高校创新创业教育研究 [M]. 济南：山东人民出版社，2020.

[4] 殷华西. 互联网视域下高校创新创业教育研究 [M]. 哈尔滨：东北林业大学出版社，2021.

[5] 郭立群，张红伟. 高校创新创业教育促进高质量就业的理论与实践探索 [M]. 北京：中国农业大学出版社，2023.

[6] 裴小倩，严运楼. 高校创新创业教育协同机制研究 [M]. 上海：上海交通大学出版社，2018.

[7] 李常. 高校创新创业教育经验借鉴与创新发展 [M]. 北京：北京工业大学出版社，2019.

[8] 王东生. 新时代高校创新创业教育路径研究 [M]. 长春：吉林出版集团股份有限公司，2021.

[9] 程金龙. 产教科教融合与旅游创新创业教育协同发展 [M]. 北京：社会科学文献出版社，2023.

[10] 马永霞. 创新创业教育 [M]. 北京：北京理工大学出版社，2022.

[11] 郭丽萍，柳韶军，韩建伟. 创新创业教育 [M]. 西安：西安电子科学技术大学出版社，2021.

[12] 王全利. 创新创业教育与实践 [M]. 北京：中国纺织出版社，2022.